PiCa
PaU3

피카파우 동물 친구들 3

1판 1쇄 펴냄 2023년 12월 15일

지은이 얀 쉔켈
옮긴이 조진경
감수자 박상숙
펴낸이 하진석
펴낸곳 참돌

주 소 서울시 마포구 독막로3길 51
전 화 02-518-3919
팩 스 0505-318-3919
이메일 book@charmdol.com
신고번호 제2011-000228호
신고일자 2011년 8월 11일

ISBN 979-11-88601-58-5 13630

- 이 책 내용의 전부나 일부를 이용하려면 반드시 저작권자와
  참돌의 서면 동의를 받아야합니다.
- 책값은 뒤표지에 있습니다.
- 잘못된 책은 구입하신 곳에서 바꿔드립니다.

Animal Friends of Pica Pau 3 by Yan Schenkel
Copyright © 2023 Yan Schenkel
Original English Edition 2022 by Meteoor BV (0550756201), Antwerp, Belgium.
All rights reserved.
Korean translation copyright © 2023 CHARMDOL
Korean translation rights are arranged with Meteoor BV through AMO Agency.

- 이 책의 한국어판 저작권은 AMO 에이전시를 통해 저작권자와 독점 계약한 참돌에 있습니다.
  저작권법에 의해 한국 내에서 보호를 받는 저작물이므로 무단 전재와 무단 복제를 금합니다.
- 설명과 예시 이미지의 색상이 일부 다를 수 있습니다.

피카파우 동물 친구들 3

- 귀엽고 독특한 코바늘 손뜨개 인형 캐릭터 20선 -

얀 쉔켈 지음 · 조진경 옮김 · 박상숙 감수

차례

- 6 작가의 말
- 9 시작하기 전에
- 10 아미구루미 갤러리

12 도구와 재료

- 12 코바늘
- 14 호수
- 14 호수 변환표
- 15 뜨개실
- 15 면사
- 15 모사
- 15 합성사
- 16 실의 무게
- 17 그 밖의 도구와 재료

18 코바늘뜨기의 기초

- 18 코바늘과 실 잡기(손 모양)
- 18 연필 그립
- 18 나이프 그립
- 18 실 잡기

18 뜨기법

- 19 매듭지은 고리
- 19 사슬뜨기
- 19 기초사슬코
- 20 기둥코
- 20 사슬코의 뒷산에서 뜨기
- 21 빼뜨기
- 21 빼뜨기로 사슬고리 연결하기
- 22 짧은뜨기
- 22 평면뜨기
- 23 나선형뜨기
- 23 코바늘 넣기
- 24 V-짧은뜨기와 X-짧은뜨기의 차이
- 25 긴뜨기
- 25 평면뜨기
- 26 긴뜨기빼뜨기
- 26 평면뜨기
- 27 한길긴뜨기
- 27 평면뜨기
- 28 한길긴뜨기 5코 구슬뜨기
- 29 바스켓 스파이크 뜨기
- 29 스파이크 짧은뜨기
- 29 나선형뜨기
- 30 되돌아짧은뜨기
- 31 코 늘리기와 코 줄이기
- 31 코 늘리기
- 31 코 줄이기
- 32 나선형뜨기
- 32 실고리로 원형코 만들기
- 34 기초사슬코로 타원형 뜨기
- 35 실 색깔 바꾸기와 실 연결하기
- 36 자카드 무늬뜨기와 태피스트리 뜨기
- 37 마무리하기
- 37 편평한 편물의 실 끝 정리하기
- 37 솜을 넣은 편물의 실 끝 정리하기
- 38 자수
- 39 편물 연결하기(바느질)
- 39 구멍을 막지 않은 편물에 연결하기
- 39 구멍을 막은 편물에 연결하기

40 코바늘뜨기의 용어와 기호

- 40 패턴 읽기

42 패턴

- 44 붉은 여우 루카스
- 50 토끼 길버트
- 56 생쥐 올리비아 로즈마리
- 64 북극곰 호라시오
- 70 너구리판다 론
- 76 다람쥐 앵거스
- 82 펭귄 훔볼트
- 88 여우원숭이 티나
- 96 암소 라모나
- 104 하마 페기
- 112 고슴도치 메이블
- 118 나방 인디애나
- 124 갈매기 알베르토
- 130 타조 아스트리드
- 138 암탉 그레타
- 146 달팽이 코즈무
- 152 고래 안젤리카
- 158 닥스훈트 로베르토
- 164 기린 아멜리아
- 170 귀여운 공룡 에두아르도

작가의 말

안녕하세요. 코바늘로 뜬 귀여운 동물 친구들과 함께 다시 찾아왔어요. 이 책은 저의 세 번째 책이면서 네 번째 책이자, 첫 번째 책이기도 합니다. 무슨 말인지 복잡하죠? 이 책은 영어로 된 세 번째 책이자 스페인어와 프랑스어로 된 네 번째 책입니다. 그리고 첫 번째 책에 소개되었던 일부 인형을 다시 만들어서 소개하는 책이기도 하죠. 이를테면 리마스터링한 예전 곡들과 신곡들을 함께 담은 신규 음악 앨범 같은 것이에요.

그동안 많은 시간이 흐르면서 제가 만든 코바늘 손뜨개 인형들도 진화했습니다. 많은 코바늘 작가처럼 저도 제 작품들을 판매했습니다. 약 9년 동안 제 직업은 손뜨개 인형을 만들어서 판매하는 것이었죠. 그런 이유로 오리지널 패턴은 좀 더 간단해졌고, 그 결과 많은 인형을 좀 더 빨리 뜰 수 있게 되었답니다. 손뜨개 인형을 셀 수도 없이 많이 만들었어요(여우 루카스만 해도 최소 500개는 만들었죠). 저는 그 패턴들을 모두 외우고 있기 때문에 잠시라도 짬이 나면 인형의 팔과 귀, 머리를 뜰 수 있었습니다(대중교통을 이용하는 중에도 종종 코바늘뜨기를 했으니까요).

저는 전업주부이고, '남는 시간'에는 코바늘 손뜨개 인형 작가이자 디자이너, 사진작가, 소셜 미디어 관리자로 일했습니다. 그러던 중에 책도 한 권 출간했죠. 2015년에 모국인 아르헨티나에서 저의 첫 번째 책인 《피카파우의 세계(El mundo de Pica Pau)》가 출판되었답니다.

그 모든 일을 잘 처리해낼 수 있다는 사실에 뿌듯했고, 제가 초능력의 소유자처럼 느껴졌습니다. 하지만 늘 피곤했고 뜨개질이 더 이상 즐겁지 않았어요. 취미가 부업이 되었다가 다시 전업이 되면서 점차 창의력이 소진되기 시작했지요. 그래서 저는 일을 중단하고 인생에서 원하는 것이 무엇인지 스스로에게 물어보았습니다.

제가 가장 행복했던 때는 머릿속에 떠오른 생생한 아이디어가 인형으로 만들어지기까지 캐릭터를 디자인하고, 그림으로 그리고, 이것저것 시도했던 때라는 것을 깨달았습니다. 새로운 캐릭터가 제대로 만들어질 때까지 뜨개질을 하며 즐거운 시간을 보낼 수 있었어요(뜨개질을 하는 그 시간 내내 좋아하는 TV 프로그램과 영화를 보았죠). 저는 또 가르치는 일도 좋아합니다. 뜨개질 기술이나 뜨기뿐만 아니라 다른 사람들에게 자기비판과 자기 인내 사이에서 미묘한 균형을 찾고, 특히 학습 과정에서 스스로에게 친절하라고 가르치기도 합니다.

우리는 여가 시간에도 가능한 한 빨리 성과를 얻고 늘 생산적이어야 한다는 생각에 몰두해 있죠. 스스로에게 느긋함과 진정한 관찰을 허용하지 않아요. 하룻밤 일을 내려놓고 균형감을 얻을 수 있게 놔두지도 않죠. 또 가던 길을 멈추고 경치를 즐기지도, 장미 향을 맡지도 못합니다. 현재 자신이 어디에 있는지, 인생에서 무엇을 원하는지 아는 것이 꼭 필요합니다. 보다 작은 규모로 보면 느긋해진다는 장점도 있어요. 코바늘 작품이 원하는 대로 잘되지 않는다거나 새로운 기술이나 뜨기를 완전히 익히지 못하면 좌절할 수도 있죠. 이럴 때는 마음을 느긋하게 하고, 좌절감을 극복하는 방법과 모든 일을 경제적으로 빠르고 효율적으로 수행하려는 충동에 대처하는 법을 배워야 합니다. 사람은 하루도 쉬지 않고 24시간 내내, 여가 시간이나 취미 생활 중에도 생산적일 수는 없으니까요.

여러 해 전, 미술을 공부할 때 어떤 선생님이 "일을 내려놓아라"는 말을 해주셨습니다. 한 달이라도, 한 주라도, 아니 하루라도 말입니다. 일을 내려놓고, 휴식을 취한 눈과 맑아진 머리로 작품을 들여다보는 시간을 가져봅시다. 계속 작업할 가치가 있는지, 부분적으로 다시 해야 하는지, 아니면 그냥 치워 버리고 처음부터 다시 시작해야 하는지는 그 후에 결정하세요. 우리는 이런 학습 과정을 허용하고 즐겨야 합니다.

그 과정이 짧든 길든, 마음을 느긋하게 가지세요. 우리가 여기에서 만난 것은 그 여정을 배우고 즐기기 위해서입니다. 우리가 하는 코바늘뜨기는 몸 전체가 움직이는 공정입니다. 한 코, 한 코를 뜰 때 손의 장력과 접촉, 동작이 필요하고, 생각하고, 또 호흡을 해야 하기 때문이죠. 뜨개실과 코바늘만 있으면 되는 뜨개질이라는 이 소일거리를 우리는 한 코, 한 코 떠 나갈 수 있습니다. 그리고 그 자체가 굉장히 놀라운 일이죠.

시작하기 전에

이전 책들과 마찬가지로 이번 책도 크게 두 부분으로 구성되어 있습니다. 처음에는 도구와 기본 뜨기법, 기술을 소개하고 이어서 패턴들이 소개됩니다. 패턴에 소개된 난이도는 저의 주관적 판단이라는 점을 유념해주시면 좋겠습니다. 그래서 자카드 무늬뜨기로 너구리판다 론의 얼굴을 뜰 때보다 네발 달린 귀여운 공룡 에두아르도를 뜨는 것이 더 편한 분이 있을 수도 있어요. 그리고 어디까지나 제 추측인데, 여러분은 난이도와 상관없이 그냥 마음에 드는 캐릭터부터 시작할 것 같아요.

처음에 설명하는 기본 뜨기법 외에도 책 전반에 걸쳐 다양한 팁과 기술, 단계별 사진이 수록되어 있습니다. 하나의 패턴을 뜨면서 이전 패턴에 나왔던 기술을 다시 언급할지도 몰라요.

새로 알게 되는 모든 뜨기법과 기술을 자동적으로 할 수 있을 때까지 충분히 연습하세요. 여유를 갖고 자신에게 맞는 페이스를 찾으세요. 코바늘뜨기를 처음 하는 분은 사슬뜨기부터 수백 번 뜬 후 다음 뜨기법을 시도하세요. 새로운 공예를 배우는 과정을 즐길 수 있도록 시간적으로 여유를 가집시다.

뜨기법이나 기술에는 엄격한 규칙이 없다는 점을 잊지 마세요. 여러분에게 가장 편안하고 자연스럽게 여겨지는 방법으로 하세요. 하지만 이 책의 사진 속 캐릭터와 비슷한 인형을 만들고 싶은 분들을 위해 몇 가지 조언을 드릴게요.

어떤 종류의 짧은뜨기를 하고 있나요?

인형을 만들 때 많이 사용되는 짧은뜨기에는 두 가지 방법이 있습니다. 어떤 방법이 더 좋을까요? 어떤 것이 더 좋다고 말할 수 없습니다. 다만 여러분이 두 가지 방법을 모두 알고 있고 어느 하나를 골라서 선택했을 때 그 결과가 다름을 인지하기 바랍니다.

저는 인형을 만들 때 '실을 코바늘 아래'로 감는 X-짧은뜨기를 합니다. 이렇게 하면 짧은뜨기 모양이 X자처럼 보이죠. 이 방법은 실이 코바늘 아래로 가면서 꼬이기 때문에 조직이 훨씬 치밀합니다. 그래서 코가 상대적으로 탄탄하고 작게 만들어지고, 인형의 조직 또한 훨씬 치밀하죠. X-짧은뜨기로 뜬 인형은 너비에 비해 길이가 좀 더 길고, 편물이 딱딱합니다.

실의 색을 바꿀 때도 차이가 많이 납니다. X-짧은뜨기는 픽셀처럼 거의 정사각형에 가깝고 때때로 코들이 훨씬 정렬된 것처럼 보이죠. X-짧은뜨기로 자카드 무늬뜨기를 뜨면 색이 바뀌는 선이 거의 직선에 가깝게 보입니다. 그러나 주의할 점이 있습니다. 원형뜨기를 할 때 단마다 색 바꾸기를 하면, 어느 순간 그 선이 한쪽으로 돌아가는 것을 보게 될 거예요. 이런 현상은 원형을 나선형으로 뜨고 있기 때문에 생긴답니다. 그런 '결함'이 있어도 부디 받아들이세요. 어렵겠지만 그것도 코바늘뜨기의 일부랍니다.

두 번째는 V-짧은뜨기로, 실을 코바늘 위로 감는 고전적인 방법입니다. V-짧은뜨기를 하면 편물이 좀 더 신축성이 있고 부드러우며, 인형 크기가 더 크고 길이에 비해 너비가 더 넓어요. 이런 특징들은 코바늘뜨기를 한 모든 편물에 적용된다는 점을 명심하세요. 주둥이를 X-짧은뜨기로 뜨면 V-짧은뜨기로 뜰 때보다 좀 더 가늘고 길어 보인답니다.

X-짧은뜨기와 V-짧은뜨기 방법에 대해서는 24쪽에 자세히 설명되어 있어요.

어떤 실을 사용하나요?

제가 사용하는 실은 우스티드 실(100g/170m)에 해당하는 두툼한 면사입니다. 여러분은 무게가 다른 실을 사용할 수도 있는데, 그럴 경우 완성된 인형의 크기가 달라질 거예요. 그리고 아크릴사나 모사를 사용할 경우, 실의 신축성이 크기 때문에 인형이 더 폭신할 겁니다. 그러니까 아크릴사나 모사로 V-짧은뜨기를 할 경우, 이 책에 수록된 사진의 인형보다 더 폭신하고 둥글둥글하고 큰 인형이 될 수도 있어요. 그것은 그것대로 완벽한 인형입니다.

장력

장력이 까다로운 것은 바꾸기가 거의 불가능한 변수이기 때문입니다. 적어도 처음에는 말이죠. 바로 그 이유로 저는 항상 자신의 자연스러운 장력을 바꾸려고 애쓰지 말고 코바늘의 호수를 바꾸어보라고 조언합니다.

저는 코바늘뜨기 인형을 처음 만들기 시작했을 때 솜이 비칠까 봐 코를 촘촘하게 떴습니다. 너무 촘촘하게 떠서 치밀한 편물에 코바늘을 넣느라 손이 아플 정도였죠. 그리고 제 손과 온몸이 긴장해서 편안하지 않았어요. 시간이 지나면서 코를 느슨하게 뜨기 시작했고 제 몸도 좀 편안해졌어요. 기본적으로 거의 생각하지 않고도 좀 더 자신 있게 뜨개질하기 시작했죠. 여러 해 동안 하루도 빠짐없이 뜨개질을 한 지금은 코바늘의 호수를 바꾸지 않고도 장력을 어느 정도 조절하고 실 두께를 바꿀 수 있습니다. 그러나 가장 조합이 잘 맞는 실과 바늘이 있는데, 제 경우에는 우스티드 실과 2.75㎜ 코바늘입니다.

단 하나의 조언만 해줄 수 있다면, 직접 실험해보라는 것입니다.

- 두 종류의 짧은뜨기를 모두 해보세요. 어쩌면 그 두 가지가 아닌 또 다른 짧은뜨기를 찾아낼 수도 있을 거예요.
- 다양한 종류와 두께의 실을 시도해보세요. 시간이 있으면 똑같은 작품을 똑같은 호수의 코바늘로, 똑같은 두께이지만 소재가 다른 면사와 아크릴사(또는 모사)로 작품을 만들어보세요. 그러면 어느 쪽이 더 자신에게 잘 맞는지 알 수 있을 거예요.
- 그리고 계속해서 다양한 코바늘과 뜨개실을 시도해보면, 노력하지 않고도 자신의 자연스러운 장력에 잘 맞는 조합을 찾을 수 있을 겁니다. 시간을 들여서 연습하면 코가 더 깔끔해지고, 편물이 더 평평해지며, 손도 더 이상 아프지 않다는 것을 알게 될 겁니다.

그리고 늘 기억해야 할 점은 여러분이 핸드메이드 인형을 만들고 있다는 사실입니다. 같은 캐릭터라도 2개의 손뜨개 인형이 완전히 똑같이 생긴 경우는 절대 없어요. 제작 과정에서 불완전함은 필연적으로 생길 수밖에 없는 부분이죠.

인형 옷과 액세서리의 장력

약간만 연습하면 아미구루미의 장력은 일정하게 유지될 것입니다. 탄탄하면서도 부드러운 인형을 만들기 위해서는 그저 적절한 코바늘만 사용하면 됩니다.

하지만 손뜨개 인형에 잘 어울리는 인형 옷을 만들고 싶다면 뜨개질을 하는 동안 그 옷이 인형에게 잘 맞는지 맞추어 보는 것이 중요해요. 코바늘뜨기를 하는 많은 사람이 뜨개질을 하는 동안 장력이 수시로 달라지는데, 뜨개질한 바지가 너무 크다는 것을 다 완성한 후에야 알게 되는 일이 생겨서는 안 되겠죠.

인형 옷이 너무 커지고 있을 경우, 코바늘을 가는 것으로 바꾸면 편물이 좀 더 탄탄해지고 작아질 수 있어요. 반면에 옷이 너무 작아지고 있을 경우, 코바늘을 약간 굵은 것으로 바꿔 사용하면 편물이 좀 느슨해지고 커질 겁니다.

이 책에 소개된 일부 인형 옷은 가는 핑거링 실로 뜬 거예요. 이런 세세한 부분을 놓치지 않도록 주의하세요.

아미구루미 갤러리

패턴마다 해당 캐릭터의 전용 온라인 갤러리로 연결되는 QR 코드가 수록되어 있습니다. 그곳에 여러분이 완성한 아미구루미 인형을 올려주세요. 그리고 다른 사람들이 선택한 뜨개실과 색상을 보고 아이디어도 얻고 뜨개질의 재미를 즐겨보세요. 휴대전화로 QR코드를 스캔하면 됩니다. iOS 스마트폰은 카메라로 QR 코드를 찍으면 자동 스캔되고, 안드로이드 스마트폰은 QR 리더 앱부터 설치해야 할 수도 있어요.

도구와 재료

코바늘뜨기를 잘하는 사람이라면 누구나 좋아하는 도구와 재료가 있고, 가장 좋은 기법과 항상 피해야 할 것에 대하여 잘 알고 있습니다. 물론 인생사가 그렇듯이 사람들의 의견이 늘 일치하지는 않죠. 사람마다 자기 취향과 관점이 있지만 코바늘뜨기의 장점 중에 누구나 동의하는 한 가지는 기본 도구와 뜨개실만 있으면 거의 모든 것을 만들 수 있다는 사실입니다. 유일하게 꼭 명심해야 할 점은 품질 좋은 코바늘과 뜨개실을 사용하면 실패를 줄이고 그로 인한 좌절의 시간도 줄일 수 있다는 것입니다. 그러니까 될 수 있는 대로 양보다는 질을 선택하세요.
코바늘과 바늘은 잃어버리기 쉬우므로 늘 대체품을 예비용으로 넉넉히 준비해두세요. 특히 즐겨 사용하는 것은 꼭 여유분을 준비해두세요.

코바늘

주의 시중에 출시된 코바늘을 모두 써본 것은 아니기에, 어떤 코바늘이 여러분에게 가장 좋을지 정확하게 판단하기는 불가능합니다. 그것은 여러분이 직접 해봐야 하는 과정입니다. 그러나 여러분이 아무것도 모르는 상태로 두고 싶지는 않기에, 제가 지난 13년 동안 코바늘뜨기로 손뜨개 인형을 만들면서 알게 된 사실들을 알려 드리려고 합니다.

여러분이 알아차렸는지 모르지만, 다양한 코바늘 호수와는 별개로 코바늘의 재질도 다양합니다. 어떤 재질을 선택하는지는 각자의 취향 문제입니다. 하지만 면사를 사용할 생각이라면 **스테인리스 스틸**이나 **알루미늄** 재질의 코바늘을 추천합니다. 알루미늄 코바늘은 코와 코 사이에서 매끄럽게 오가고, 아주 가벼우며, 호수도 가장 다양하기 때문에 좋습니다. 가장 가는 알루미늄 코바늘(4㎜ 미만)의 경우, 탄탄하게 뜰 때 힘을 세게 주면 쉽게 휩니다. 이런 일을 방지하려면 손잡이가 실리콘이나 플라스틱, 나무, 대나무로 된 알루미늄 코바늘이나 스테인리스 스틸 코바늘을 사용하는 것이 좋습니다(저는 코바늘을 약간 험하게 다루기 때문에 스테인리스 스틸 코바늘을 선호합니다).

나무나 **대나무** 소재의 코바늘은 보기에 근사하고 일부 브랜드는 정말 매끄럽게 마감되어 있죠. 하지만 이런 코바늘은 두꺼운 뜨개실로 뜰 때나 코가 느슨한 의류를 뜰 때만 사용하는 것이 좋습니다.
플라스틱과 **아크릴** 코바늘도 마찬가지라서, 티셔츠 얀처럼 두꺼운 뜨개실을 사용할 때 좋습니다. 하지만 별로 튼튼하지 않아서 저는 사용해본 적이 없습니다.

코바늘의 재질 외에 코바늘의 **구조**도 확인하는 것이 좋습니다. 저는 끝이 둥글고 뭉툭하며 끝머리가 거칠지 않은 코바늘을 좋아합니다. 그래야 실이 갈라지지 않고 코와 코 사이에서 매끄럽게 움직이니까요.

또 코바늘의 목도 주의해서 보세요. 사실상 이 부분은 실을 걸어서(잡아채서) 코와 고리 사이로 잡아당기는 역할을 합니다. 따라서 바늘 목이 뜨는 실을 잡을 수 있을 정도로 크면서도 이전에 만든 고리가 바늘에서 빠지지 않을 정도로 작아야 합니다. 이 점은 특히 손뜨개 인형을 뜰 때 중요한데, 뜨개실에 맞는 호수보다 2~3호 작은 코바늘을 사용하기 때문입니다.

또 하나 주의해서 살펴야 할 것은 **손잡이**입니다. 이 부분은 정말로 개인의 취향이라고 할 수 있어요. 제 경우 코바늘을 나이프 잡듯이 잡기 때문에(18쪽 참조), 손잡이가 크지 않은 코바늘을 선호합니다. 하지만 저와 달리 연필을 잡듯이 잡는 분은 인체공학적으로 디자인되거나 고무로 된 코바늘을 선호할지도 모르죠.

코바늘은 펜과 비슷한 특징을 갖고 있습니다. 처음에는 아무 코바늘이나 사용하다가 인생 코바늘을 발견하게 된다는 점에서 그래요. 좀 극적인 것 같지만 정말 그렇습니다. 설령 인생까지는 아니더라도 코바늘뜨기를 하는 방법은 분명 바뀔 겁니다. 특히 뜨개질을 온종일 하는 분이라면 틀림없어요.

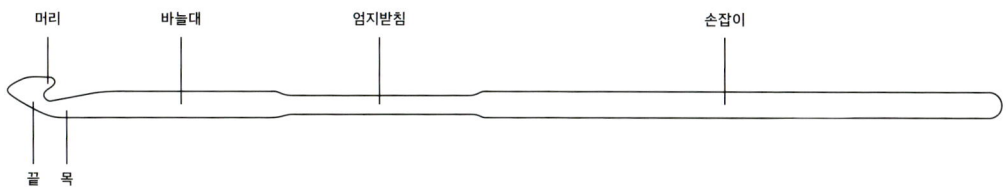

호수

기본적으로 실이 굵을수록 코바늘의 호수가 커지고 코가 크게 만들어집니다. 느슨하게 뜨는 분이라면 권장 호수보다 작은 코바늘을 써야 편물이 탄탄하고, 쫀쫀하게 뜨는 분이라면 큰 코바늘을 사용해야 편물이 편안해집니다. 코바늘의 호수는 여러분이 편안하게 사용하여 원하는 결과를 얻을 수 있어야 합니다. 사람마다 '자연스러운' 장력이 있기 때문에 코바늘에 가하는 압력을 바꾸는 것보다는 코바늘의 호수를 바꾸는 것이 더 수월합니다. 코바늘 호수의 표시 방법은 나라마다 다른데, 숫자나 문자를 단독으로 쓰기도 하고 조합하여 쓰기도 합니다. 아래 표는 가장 널리 사용되는 미터식, 영국식, 미국식 방법을 정리한 것입니다. 저는 이 책에서 미터식과 미국식을 사용합니다.

코바늘 호수 변환표

미터식	영국식	미국식
2 mm	14	-
2.25 mm	13	B-1
2.5 mm	12	-
2.75 mm	-	C-2
3 mm	11	-
3.25 mm	10	D-3
3.5 mm	9	E-4
3.75 mm	-	F-5
4 mm	8	G-6
4.5 mm	7	7
5 mm	6	H-8
5.5 mm	5	I-9
6 mm	4	J-10
6.5 mm	3	K-10.5
7 mm	2	-
8 mm	0	L-11
9 mm	00	M-13
10 mm	000	N-15

뜨개실

실의 재료는 양모, 면, 끈, 리본, 직물, 가죽, 와이어, 심지어 비닐과 종이까지 거의 모든 것이 가능합니다. 실마다 각각의 장단점이 있는데, 여러분이 다양한 재질의 실을 직접 시도해보세요. 자신이 어떤 실을 가장 좋아하는지, 그리고 만들려는 작품에 어떤 실이 적합한지를 알아보는 가장 좋은 방법이랍니다.

실을 구입할 때는 항상 촉감이 좋고 코바늘뜨기에 편한 좋은 실을 구입하는 것이 좋습니다.

면사

면사는 코바늘 손뜨개 인형에 가장 널리 사용되며, 제가 보기에는 완성 후 결과가 가장 좋은 실입니다. 면사는 섬유소로 만든 천연 식물성 섬유예요(다른 식물성 섬유로는 아마, 황마, 레이온, 대나무, 삼 등이 있습니다). 또한 면사는 저자극성 소재일 뿐만 아니라 내구성이 정말 좋고, 세탁이 용이하고, 아주 부드러우며, 색깔도 다양합니다. 면사는 사실상 탄력성이 없어서, 형태를 유지해야 하는 인형을 만들 때 정말 필요한 실입니다. 그러나 그 점 때문에 코바늘을 움직이기 어려울 수 있고, 여러 가닥으로 이루어져 있기 때문에 코바늘에 걸려서 실이 풀어지는 경우가 종종 있습니다.

면사는 '투박'하고 광택이 없는 면사, 광택 가공 면사, 코마사(짧은 섬유를 제거하여 강도와 부드러움을 높이기 위해 소모 가공을 한 실) 등 다양한 종류가 있어요.

모사

또 다른 천연 섬유로 단백질 섬유가 있습니다. 양털이나 알파카, 앙고라, 모헤어처럼 동물의 털이나 실크처럼 곤충의 분비물로 만든 섬유예요. 이런 단백질 섬유 실은 식물성 섬유 실보다 탄력성이 크기 때문에, 이런 실로 인형을 만들 경우 시간이 지나면 형태가 흐트러질 수도 있다는 점을 잊지 마세요.

초보자들은 앙고라나 모헤어처럼 털이 많은 실은 피해야 합니다. 털 때문에 편물의 구조가 보이지 않아서 코바늘을 넣어야 할 곳을 알아보기 더 힘들거든요.

합성사

폴리머로 만든 합성사는 보통 그 짜임새와 촉감이 동물성 섬유와 비슷합니다. 상대적으로 가격이 저렴하고 코바늘을 매끄럽게 움직일 수 있어요. 하지만 일부는 보풀이 생겨서 뭉치고 정전기가 생기기도 합니다. 그럼에도 색상이 정말 다양하기 때문에 인형을 만들 때 가장 널리 사용됩니다. 저는 개인적으로 광택이 있는 실을 그다지 좋아하지 않지만, 그 역시 어디까지나 개인 취향의 문제입니다.

실의 무게

여기에서 실의 무게는 실의 두께를 가리킵니다. 다르게 표현하면 무게와 길이 사이의 관계이기도 하죠. 예를 들어 레이스를 뜰 때 사용되는 슈퍼파인 실은 100g당 800m 정도지만, 아주 두툼한 담요를 만들 때 사용되는 점보 실은 100g당 100m가 채 안 될 수 있어요. 국제적으로 대부분의 도서와 뜨개실 제작업체들은 표준 용어에 의거하여 실의 무게를 표시합니다. 겹이 많다고 해서 실이 더 무거운 것은 아니기 때문에 실 가닥수(또는 겹)는 선택적으로 언급됩니다(실제로 치밀하게 꼬인 8겹 실이 느슨하게 꼬인 6겹 실보다 얇을 수도 있어요).

번호	명칭	실의 분류	겹(ply)	100g당 길이(m)	권장 코바늘 호수(mm)
0	레이스	핑거링	1~2 ply	600~800 이상	1.5 ~ 2.5
1	슈퍼파인	삭, 핑거링, 베이비	3~4 ply	350~600	2.25 ~ 3.5
2	파인	스포트, 베이비	5 ply	250~350	3.5 ~ 4.5
3	라이트	DK, 라이트 우스티드	8 ply	200~250	4.5 ~ 5.5
4	미디엄	우스티드, 아프간, 아란	10~12 ply	120~200	5.5 ~ 6.5
5	벌키	청키, 크래프트, 러그	12~16 ply	100~130	6.5 ~ 9
6	슈퍼벌키	슈퍼벌키, 슈퍼청키, 로빙		100 미만	9 이상
7	점보	점보, 로빙		100 미만	15 이상

주의 실의 무게와 코바늘은 항상 상관관계가 있습니다. 인형을 만들 때 가장 중요하게 명심해야 할 것은 위 표의 권장 호수보다 2-3호 가는 코바늘을 사용해야 한다는 점입니다. 결국 우리에게 필요한 것은 안에 넣은 솜이 비치지 않는 치밀한 편물이니까요.

주의 17쪽의 사진은 무게가 다른 세 종류의 실로 똑같은 캐릭터를 코바늘 뜨기한 것입니다. 가장 큰 것은 우스티드 실과 2.75mm 코바늘로 만든 오리지널 토끼이고, 중간 것은 DK 실과 2.75mm 코바늘로, 가장 작은 것은 핑거링 실과 2.00mm 코바늘로 뜬 토끼입니다.

그 밖의 도구와 재료

돗바늘은 모티브들을 연결하거나 편물 조각들을 꿰매어 완성할 때 사용하는 도구입니다. 돗바늘은 끝이 뭉툭해서 실이나 코를 가르지 않고, 바늘귀가 커서 두꺼운 뜨개실을 꿸 수 있어요.

저는 **가위**에 관심이 많아서 모양과 크기가 다양한 가위를 많이 갖고 있어요. 작고 가벼우며 끝이 뾰족한 가위를 선택하세요.

스티치마커(콧수링)는 이름 그대로 코를 표시할 때 사용하는 도구입니다. 스티치마커는 모양과 특징이 다양합니다. 스티치마커 대신에 종이 클립이나 안전핀, 머리핀을 사용해도 됩니다. 원형뜨기를 할 때는 언제나 이전 단의 첫 코(또는 마지막 코)를 표시해야 합니다.

저는 잘 사용하지 않지만, **시침핀**은 인형의 머리나 팔다리를 몸통에 붙여야 할 때 편리합니다. 시침핀의 머리가 플라스틱이나 유리구슬로 된 것이 좋은데, 그래야 편물에서 눈에 잘 띄고 머리가 커서 코들 사이에 묻히지 않거든요.

저는 언제나 인형 안에 넣는 **솜**으로 쿠션 솜으로도 사용되는 폴리에스테르 솜을 사용합니다. 수공예품점에서 쉽게 구할 수 있고, 비싸지 않으며, 세탁할 수 있고, 저자극성이어서 좋아요. 인형에 솜을 채우는 작업은 보기보다 까다로워요. 너무 많이 채우면 편물이 늘어나서 솜이 비칠 수 있고, 너무 적게 채우면 공기가 빠진 것처럼 축 늘어져서 후줄근해 보이거든요. 그래서 요령이 필요한데, 천천히 조금씩 채워서 적당한 모양을 만드세요.

색깔과 크기가 다양한 플라스틱 눈과 코, 단추, 나비넥타이, 리본 등 손뜨개 인형을 장식하는 데 필요한 부재료들은 굉장히 다양합니다. 저는 인형의 눈으로 **플라스틱으로 된 나사형 인형눈**만 사용합니다. 나사형 인형눈은 앞에서 꽂는 로드가 달린 부분과 안쪽에서 고정하는 와셔가 한 쌍인데, 제대로 고정하면 사실상 뺄 수 없습니다. 따라서 눈을 달기 전에 원하는 위치를 확인하도록 하세요. 아이가 고집이 세서 눈을 잡아 뜯을까 봐 걱정되면, 와셔를 끼우기 전에 접착제를 조금 발라주세요. 한편 나사형 인형눈 대신에 자수로 눈, 코, 입을 수놓아도 됩니다(특히 세 살 미만의 아이에게 선물할 인형이라면 수놓는 것이 좋아요).

코바늘뜨기의 기초

코바늘과 실 잡기(손 모양)

처음 보는 도구를 잡는 것이 다소 까다로울 수 있지만, 인내심을 갖고 몇 시간 연습하다 보면 잘하게 될 거예요. 이미 방법을 알고 있고, 그 방법이 편안한 분은 그 방법을 계속 사용하세요. 하지만 처음 배우는 분은 많은 방법을 시도해보세요. 그러면 자신에게 가장 잘 맞는 방법을 찾을 수 있을 겁니다. 대개 사람들은 글씨를 쓰는 손으로 코바늘을 잡지만, 꼭 그래야 하는 것은 아닙니다. 코바늘과 뜨개실을 어떻게 잡든지, 우리가 알아야 할 가장 중요한 점은 '가장 좋은 방법'도, 절대 '옳은 방법'도 없다는 것입니다.

연필 그립

연필 잡듯이 코바늘의 편평한 부분(엄지받침) 가운데를 엄지와 검지로 잡습니다.

나이프 그립

나이프를 잡듯이 코바늘의 끝부분을 손바닥에 대고 엄지와 검지로 잡습니다.

실 잡기

바늘을 잡지 않은 손으로 실을 조절하고 편물을 잡습니다. 실을 잡는 방법은 여러 가지가 있는데, 사람마다 선호하는 방식이 있어요. 여러분은 뜨개질을 하는 동안 장력을 꾸준하게 유지해야 한다는 점만 명심하면 됩니다. 실 잡기는 정말 중요하므로 실 조절을 연습하여 장력이 편안하고 자연스러워지게 만들어야 합니다. 또한 뜨개질을 하면서 손에 압박이 가해지기 때문에 '손 모양'을 유지하는 것도 중요합니다. 뜨개질을 하기 전후로 손 운동을 하면 좋아요. 그리고 거의 불가능한 말이라는 걸 알지만, 뜨개질을 계속해서 너무 오래하지 않도록 하세요!

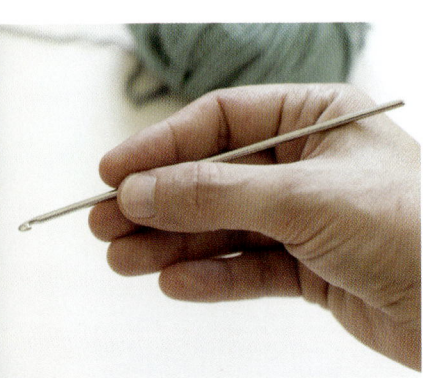
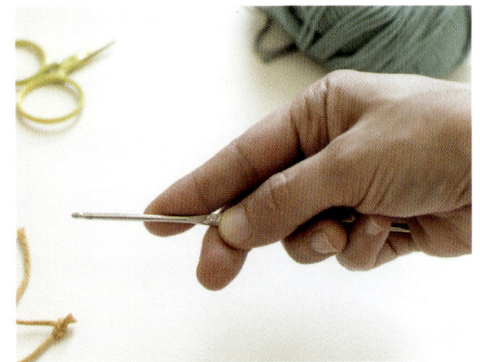
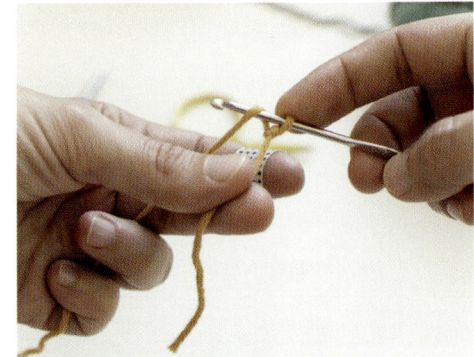

뜨기법

기본 뜨기법은 몇 개 되지 않습니다. 그것들을 변형시키고 조합시킨 뜨기법은 많지만, 이 책에 수록된 패턴을 뜨기 위해서는 기본 뜨기법 몇 개만 익히면 됩니다. 제가 다년간 배워서 지금도 사용하고 있는 뜨기법들을 알려드릴게요. 이것들을 자신의 필요와 가능성에 맞게 개조할 수 있다는 점을 꼭 기억하시고요.

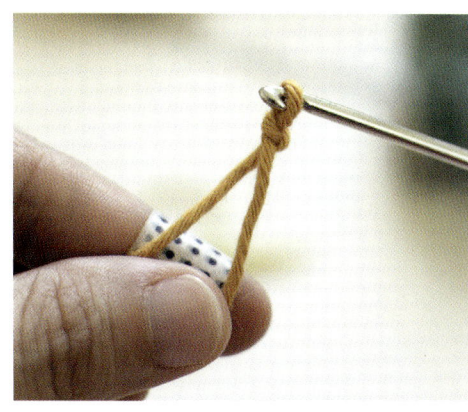

매듭지은 고리(Slip Knot)

매듭지은 고리는 코바늘뜨기를 시작하기 위해 코바늘에 만들어야 하는 첫 번째 고리입니다.
이 고리는 코로 세지 않아요.

1. 실 끝으로 고리를 만들고, 고리에 코바늘을 넣어 실을 잡아 뺍니다.
2. 실 끝을 당겨서 코바늘에 걸린 고리를 조입니다.

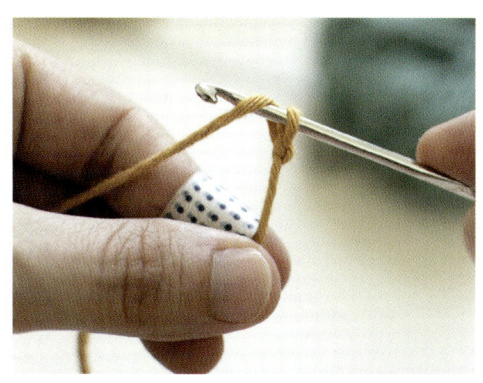

사슬뜨기(Chain)

사슬뜨기는 대부분 편물을 뜰 때 기본으로 사용되는 뜨기법입니다. 평면뜨기를 할 때 첫 단에서 사슬뜨기를 하는데, 이것을 기초사슬코라고 해요. 또한 사슬뜨기는 모티브들을 연결할 때와 기둥코를 만들 때도 사용됩니다.

1. 매듭지은 고리를 잡고, 실을 뒤에서 앞으로 코바늘에 감습니다. 이 동작을 '실 감기'라고 합니다. 실을 코바늘에 감아도 되고 코바늘을 실 아래로 비틀어도 됩니다.
2. 코바늘을 뒤로 당기면서 코바늘에 걸린 고리(매듭지은 고리) 사이로 실을 잡아 뺍니다.
3. 이제 코바늘에는 새로운 고리가 만들어지는데, 이것이 첫 번째 사슬코입니다. 위 과정을 반복하여 필요한 만큼의 사슬코를 만듭니다.

주의 실 감기를 할 때마다 실 끝이 코바늘에 감기지 않게 하기 위해 실 끝을 단단히 잡아야 합니다.

기초사슬코

기초사슬코는 사슬코들로 이어진 끈인데, 평면뜨기로 편평한 편물을 뜰 때 필요합니다. 대바늘뜨기의 시작단에 해당합니다.

주의 기초사슬코를 고르게 만들려면, 뜬 사슬코를 잡는 손을 코바늘에 가깝게 계속 옮겨주세요.

기둥코

평면뜨기를 할 때, 기둥코는 뜨려고 하는 코의 높이까지 코바늘을 가져오기 위해 만들어야 하는 사슬코입니다. 기둥코의 사슬코는 뜨기법마다 다른데, 다음과 같습니다.

- 짧은뜨기 단: 사슬 1코
- 긴뜨기 단: 사슬 2코
- 한길긴뜨기 단: 사슬 3코

주의 패턴대로 정확하게 뜨기 위해 간혹 코를 세야 합니다. 코를 셀 때, 매듭지은 코나 코바늘에 걸린 고리(뜨는 고리)는 코로 계산하지 않습니다. 코를 세는 가장 쉬운 방법은 뜬 코의 윗부분을 세는 것이에요.

사슬코의 뒷산에서 뜨기(Back Ridge or Back Bump)

사슬코에서 뜨개질을 하는 방법은 여러 가지가 있습니다. 저는 완성된 밑단을 예쁘게 만들기 위해 코의 뒷고리에 코바늘을 넣어서 뜨는 방법을 좋아합니다. 사슬코는 세 가닥으로 이루어져 있어요. 앞에서 보면 우리에게 가장 익숙한 두 가닥이 보이는데, V를 만드는 윗고리와 아래 고리죠. 사슬코를 돌리면 숨겨져 있는 세 번째 고리가 보일 겁니다. 이것이 바로 '뒷산'입니다. 사슬코의 뒷산에서 뜨려면 기초사슬코를 약간 돌려보세요. 코바늘을 이 뒷산에 쉽게 넣을 수 있을 겁니다.

빼뜨기(Slip Stitch)

빼뜨기는 높이가 없고, 코바늘뜨기에서 단독으로 사용되는 일은 거의 없어요. 일반적으로는 양끝을 연결하여 원을 만들 때, 편물 조각들끼리 연결할 때, 편물을 마무리할 때, 여러 코를 건너뛰어 편물의 다른 부분으로 옮겨갈 때 사용됩니다.

1 코바늘을 기초사슬코에 있는 다음 코(코바늘로부터 두 번째 코)의 앞뒤고리에 넣습니다.
2 코바늘로 실 감기를 하여 앞뒤고리 사이와 코바늘에 걸린 고리 사이로 한 번에 잡아 뺍니다. 이제 빼뜨기 1코를 완성했어요.

주의 편물을 마무리하거나 장식하기 위해 마지막 단에서 빼뜨기를 할 때, 약간 느슨하게 떠야 편물이 오그라들지 않습니다.

빼뜨기로 사슬고리 연결하기 (고리 모양의 기초사슬코)

1 코바늘을 첫 번째 사슬코에 넣는데, 사슬코가 꼬이지 않도록 주의합니다.
2 코바늘로 실 감기를 하여 앞뒤고리 사이와 코바늘에 걸린 고리 사이로 잡아 뺍니다. 이제 원형으로 뜨개질을 계속하면 됩니다.

짧은뜨기(Single Crochet)

짧은뜨기는 치밀하고 쫀쫀한 편물을 만드는 유일한 뜨기법이기 때문에 코바늘 손뜨개 인형을 만드는데 적합합니다. 짧은뜨기로 뜨면 인형의 모양이 잘 유지되고 너무 많이 채우지만 않는다면 솜도 밖으로 비치지 않아서 좋아요.

평면뜨기(편평한 편물)

기초사슬코에서 시작합니다.

1. 코바늘에서 두 번째 코에 코바늘을 넣고, 실 감기를 합니다.
2. 코 사이로 실을 잡아 빼면 코바늘에는 2개의 고리가 있게 됩니다. 다시 실 감기를 합니다.
3. 코바늘을 뒤로 잡아 빼면서 2개의 고리 사이로 실을 한 번에 잡아 빼면, 코바늘에는 고리 하나만 남습니다. 이제 짧은뜨기 1코가 완성되었습니다.
4. 다음 코에 코바늘을 넣고, 모든 사슬코에서 계속해서 짧은뜨기를 합니다.
5. 단을 끝낼 때에는 기둥코(사슬 1코)를 만든 뒤, 편물 방향을 바꾸어 다음 단을 시작합니다. 다음 코에서, 아랫단 코의 앞뒤고리에 코바늘을 넣어 짧은뜨기 1코를 뜹니다(기둥코는 코로 세지 않아요). 이 과정을 단의 끝까지 반복하며 짧은뜨기를 뜹니다.

나선형뜨기(원통 모양 편물)

기초사슬코에서 시작하는데, 사슬코가 꼬이지 않도록 주의하면서 코바늘을 첫 번째 사슬코에 넣고 빼뜨기를 하여 고리를 만듭니다.

1. 각 사슬코에서 짧은뜨기 1코씩을 떠서 시작했던 자리로 옵니다. 처음 떴던 짧은뜨기에서 짧은뜨기 1코를 뜹니다(원형단을 연결하는 빼뜨기를 하는 것이 아닙니다). 이때 스티치마커를 사용하면 편리합니다. 스티치마커를 방금 뜬 짧은뜨기 코에 끼워주세요.
2. 스티치마커가 있는 곳까지 계속해서 짧은뜨기를 뜹니다. 스티치마커를 빼고 그 코에서 짧은뜨기를 뜹니다. 방금 뜬 코에 다시 스티치마커를 끼우고, 위 과정을 반복합니다.

코바늘 넣기(코바늘을 넣는 위치)

사슬코를 제외하고, 모든 코바늘뜨기는 코바늘을 기존의 코에 넣어야 합니다. 코바늘의 끝은 아래나 옆을 향해 있어야 코바늘이 실이나 편물에 걸리지 않아요. 코를 주울 때에는 코바늘을 앞고리나 뒷고리, 앞뒤고리의 아래 중 한 곳에 넣으면 됩니다.

- 앞뒤고리(Both): 코바늘을 아랫단 코의 앞뒤고리 아래에 넣습니다. 패턴에 다른 방법이 명시되지 않은 경우, 가장 널리 사용되며 선호되는 방법입니다.
- 앞고리에만(FLO): 코바늘을 자신에게서 가장 가까운 고리(앞고리) 아래에 넣습니다.
- 뒷고리에만(BLO): 코바늘을 자신에게서 가장 멀리 있는 고리(뒷고리) 아래에 넣습니다. 이 경우 앞고리는 가로줄로 남게 됩니다. 이 방법은 장식 효과를 위해서 또는 실을 다시 연결할 때 사용됩니다.

V-짧은뜨기와 X-짧은뜨기의 차이

코바늘뜨기를 잘하는 분은 제가 뜬 코가 여러분에게 익숙한 코와 약간 다르다는 것을 알아차렸을 겁니다. 저는 실을 코바늘 위가 아닌 아래로 감습니다. 이렇게 하면 짧은뜨기 모양이 V자가 아니라 X자가 되지요.

제가 하는 방법은 모양이 다른 것과 별도로 몇 가지 차이점이 있는데, 그것들을 아셔야 합니다.

- **크기** X-짧은뜨기가 훨씬 치밀하기 때문에 완성된 편물 크기도 더 작습니다. 반대로 V-짧은뜨기로 뜬 편물은 상대적으로 신축성이 좋기 때문에 인형을 만들면 더 폭신합니다. 예를 들어 제가 X-짧은뜨기 60코로 원을 만들면 지름이 8.5㎝ 정도 되지만, V-짧은뜨기로 만든 원의 지름은 약 10㎝ 정도 됩니다.
- **코가 돌아간 것처럼 보이는 모양** V-짧은뜨기로 원형단 뜨기를 하면 단마다 조금씩 움직여서 편물이 한쪽으로 돌아간 것처럼 보입니다. X-짧은뜨기는 이런 편향성이 덜하기 때문에 자카드 무늬뜨기를 하면 훨씬 보기가 좋아요.
- **줄무늬 모양** X-짧은뜨기로 배색을 넣어 줄무늬를 뜨면 긴뜨기처럼 보입니다.

주의 (아래 사진)왼쪽의 펭귄 훔볼트는 V-짧은뜨기로, 오른쪽의 훔볼트는 X-짧은뜨기로 만든 것입니다.

위로 실 감기

아래로 실 감기

긴뜨기 (Half Double Crochet)

긴뜨기는 높이 면에서 짧은뜨기와 한길긴뜨기의 중간입니다. 짧은뜨기보다 느슨하기 때문에 긴뜨기로 뜬 편물은 유동성이 커서 인형 옷을 만들면 좋습니다.

평면뜨기(편평한 편물)

기초사슬코에서 시작하며, 처음 2코는 첫 단의 기둥코입니다.

1. 실 감기를 하고 코바늘에서 세 번째 코에 코바늘을 넣은 뒤 실 감기를 한 번 더 합니다.
2. 1개의 고리 사이로 실을 잡아 빼면, 코바늘에는 3개의 고리가 남습니다.
3. 다시 실 감기를 하여 코바늘에 걸린 3개의 고리 사이로 실을 잡아 뺍니다.
4. 이제 첫 긴뜨기를 완성하였습니다.
5. 계속해서 모든 사슬코에서 긴뜨기를 합니다.
6. 단의 끝에서 기둥코(사슬 2코)를 만든 뒤 편물의 방향을 바꾸어 다음 단을 시작합니다. 기둥코는 건너뛰고, 아랫단 코의 앞뒤고리 아래에 코바늘을 넣어 긴뜨기를 합니다. 단의 끝까지 위 과정을 반복합니다.

주의 저는 긴뜨기나 한길긴뜨기로 원형뜨기를 할 때 가끔 코와 코 사이에서 뜹니다. 그렇게 하면 짜임이 성글어져서 신축성이 더 커집니다. 뜨는 법은 코바늘을 아랫단 코의 두 고리에 넣는 것이 아니고 코의 기둥과 기둥 사이에 넣는 것이에요. 원형단이 끝나는 곳에서 반드시 콧수를 세도록 하세요.

긴뜨기빼뜨기(Half Double Slip Stitch : hdslst)

긴뜨기빼뜨기는 치밀하면서도 신축성 있는 편물을 쉽게 만들 수 있는 기법입니다. 대바늘뜨기의 안뜨기 같은 모양이 필요한 편물을 뜰 때 또는 골이 진 모양을 뜰 때 알맞아요. 그 명칭에서 알 수 있듯이 빼뜨기와 긴뜨기가 합쳐진 것인데, 영어로 'yarn over slip stitch(실 감아 빼뜨기)'라고도 합니다.

평면뜨기(편평한 편물)

기초사슬코에서 시작하는데, 기둥코는 코로 세지 않는다는 점을 기억하세요.

1. 실 감기를 한 뒤, 코바늘에서 두 번째 코에 코바늘을 넣습니다.
2. 다시 실 감기를 하여 코 사이로 실을 잡아 뺍니다. 이제 코바늘에는 3개의 고리가 있습니다.
3. 첫 번째 고리를 두 번째와 세 번째 고리 사이로 잡아 빼면, 첫 번째 긴뜨기빼뜨기가 완성됩니다. 계속해서 모든 사슬코에서 긴뜨기빼뜨기를 합니다. 단의 끝에서 기둥코를 만들고 편물의 방향을 바꾸어 다음 단을 시작합니다.

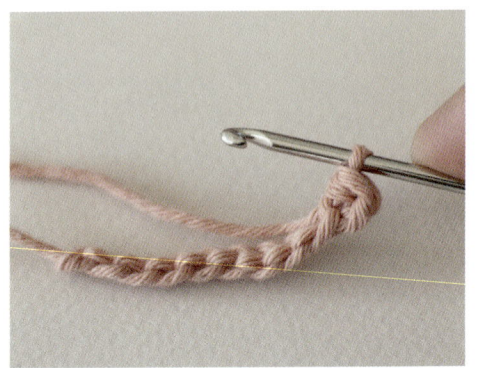

다음 단부터는 대바늘뜨기의 고무뜨기와 같은 편물을 만들기 위해 뒷고리에만 긴뜨기빼뜨기(BLO hdslst)를 합니다.

2단:

4. 실 감기를 한 뒤, 첫 코의 뒷고리에 코바늘을 넣습니다. 다시 실 감기를 하고 코와 두 번째, 세 번째 고리 사이로 첫 번째 고리를 바로 잡아 뺍니다. 단의 끝까지 모든 코의 뒷고리에만 긴뜨기빼뜨기를 합니다.
단의 끝에서 기둥코를 만들고 편물의 방향을 바꾸어 다음 단을 시작합니다.

원하는 길이가 될 때까지 2단을 반복합니다.

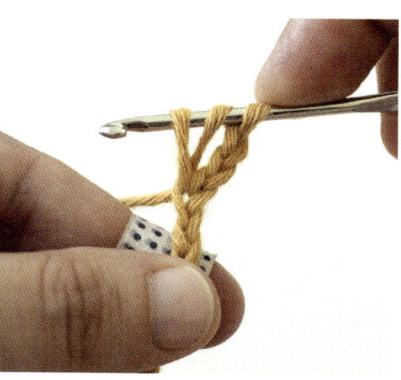  

한길긴뜨기 (Double Crochet)

한길긴뜨기는 옷이나 담요를 뜰 때 가장 널리 사용됩니다. 하지만 코바늘 손뜨개 인형을 뜰 때는 가끔만 사용합니다.

평면뜨기 (편평한 편물)

기초사슬코에서 시작하며, 처음 3코는 첫 단의 기둥코입니다.

1. 실 감기를 하고 코바늘에서 네 번째 코에 코바늘을 넣은 뒤 실 감기를 한 번 더 합니다. 1개의 고리 사이로 실을 잡아 빼면 코바늘에는 3개의 고리가 남습니다.
2. 다시 실 감기를 하고 코바늘에 걸린 처음 2개의 고리 사이로 실을 잡아 뺍니다.
3. 이제 코바늘에는 2개의 고리가 있습니다. 마지막으로 실 감기를 하여 2개의 고리 사이로 실을 잡아 뺍니다.
4. 이제 첫 한길긴뜨기를 완성했습니다.
5. 실 감기를 하고 다음 코에 코바늘을 넣습니다. 계속해서 모든 사슬코에서 한길긴뜨기를 합니다. 단의 끝에서 기둥코(사슬 3코)를 만든 뒤 편물의 방향을 바꾸어 다음 단을 시작합니다.
6. 기둥코는 건너뛰고, 아랫단 코의 앞뒤고리 아래에 코바늘을 넣어 한길긴뜨기를 합니다. 단의 끝까지 위 과정을 반복합니다.

한길긴뜨기 5코 구슬뜨기(5-dc-Bobble Stitch)

구슬뜨기는 한 코에서 한길긴뜨기 여러 코를 뜨는 방법인데, 한길긴뜨기를 뜰 때마다 마지막 고리를 임시로 코바늘에 남겨두었다가 마지막에 함께 마감하여 연결합니다.

저는 주로 인형의 손가락과 발가락을 만들 때 많이 사용합니다.

1 실 감기를 하고 코바늘을 다음 코에 넣습니다.
2 다시 실 감기를 하고 코 사이로 실을 잡아 빼면 코바늘에는 3개의 고리가 있습니다.
3 다시 실 감기를 하고 처음 2개의 고리 사이로 실을 잡아 뺍니다. 이제 절반만 완성된 한길긴뜨기 1코가 있고, 코바늘에는 2개의 고리가 있습니다.
4 같은 코에서 위 과정을 4회 반복하면, 한 코에 절반만 완성된 한길긴뜨기 5코가 있습니다.
5 실 감기를 하고 코바늘에 걸린 6개의 고리 사이로 실을 한 번에 잡아 뺍니다.
   이제 한길긴뜨기 5코 구슬뜨기가 완성되었습니다.

바스켓 스파이크 뜨기(Basket Spike Stitch)

이 뜨기법의 명칭은 라탄바구니처럼 생긴 모양에서 유래합니다. 이 기법을 평면뜨기에서 사용하면 모양이 별로 예쁘지 않아서 저는 원형뜨기에서만 사용합니다. 스파이크 짧은뜨기와 뒷고리에만 짧은뜨기를 1코씩 번갈아 뜨면 원하는 무늬를 만들 수 있어요. 이 뜨기법을 뜰 때 V-짧은뜨기로 뜨면 세로 두 줄을 만들 수 있습니다.

스파이크 짧은뜨기

한 단 아래 원형단의 다음 코(그 코를 뜬 코와 동일한 곳)에 코바늘을 넣습니다. 실 감기를 하고 실을 실제 단의 높이까지 끌어 올립니다. 코바늘에 걸린 2개의 고리 사이로 실을 잡아 뺍니다.

나선형뜨기(원통 모양 편물)

기초사슬코에서 시작합니다. 사슬코가 꼬이지 않도록 주의하면서, 첫 사슬코에 코바늘을 넣어 빼뜨기를 하여 기초사슬코를 원으로 만듭니다. 계속해서 각 사슬코에 짧은뜨기 1코를 떠서 시작했던 자리로 옵니다.

- **1-2** (다음 코에서 뒷고리에만 짧은뜨기, 이전 단의 다음 코에서 스파이크 뜨기)를 단의 끝까지 반복합니다.
- **3-4** (이전 단의 다음 코에서 스파이크 뜨기, 다음 코에서 뒷고리에만 짧은뜨기)를 단의 끝까지 반복합니다.

위 과정을 반복하여 필요한 단수만큼 뜹니다.

1. 편물을 뜨던 실과 똑같은 실을 사용하고 있으면 사슬뜨기 1코를 뜹니다. 다른 색의 실을 사용하고 있으면 실을 연결하고 사슬뜨기 1코를 뜹니다.
2. 사슬코 오른쪽 옆의 코에 코바늘을 넣고, 실 감기를 한 뒤 짧은뜨기를 하는 것처럼 고리를 잡아 뺍니다. 이때 고리가 꼬여 있는 것을 확인할 수 있을 거예요. 이제 코바늘에는 2개의 고리가 있습니다.
3. 다시 실 감기를 하고 코바늘에 걸린 2개의 고리 사이로 실을 잡아 뺍니다. 첫 번째 되돌아짧은뜨기가 완성되었어요.
4. 오른쪽 옆의 코에 코바늘을 넣고, 실 감기를 한 뒤 고리를 잡아 뺍니다. 다시 실 감기를 한 뒤 코바늘에 걸린 2개의 고리 사이로 실을 잡아 뺍니다.
5. 단의 끝까지 되돌아짧은뜨기를 합니다. 또는 시작하는 곳과 끝나는 곳이 같은 가장자리를 뜨고 있으면 시작했던 코에 이를 때까지 되돌아짧은뜨기를 합니다. 그 코(시작했던 코 또는 마지막 코)에서 빼뜨기를 합니다.

되돌아짧은뜨기(Crab Stitch)

되돌아짧은뜨기를 하면 꼬인 끈처럼 보이며, 가장자리가 둥글어지기 때문에 의류를 마무리할 때 아주 좋습니다. 짧은뜨기를 반대 방향으로 하기 때문에 이런 이름이 붙여졌어요. 오른손잡이일 경우에는 왼쪽에서 오른쪽으로, 왼손잡이라면 오른쪽에서 왼쪽으로 짧은뜨기를 하는 거예요. 처음에는 다소 어색하게 느껴질 수도 있지만, 인내심을 갖고 조금만 연습하면 전혀 복잡할 것 없습니다. 완성된 편물의 겉면을 앞에 놓고 하면 됩니다.

코 늘리기와 코 줄이기

코 늘리기와 코 줄이기는 코바늘 의류나 작품의 모양을 만들 때 사용됩니다.

코 늘리기(Increase)

보통 한 코를 떠야 하는 곳에서 2코 이상을 떠서 코 늘리기를 합니다.

1. 이전 단의 다음 코에서 한 코를 뜹니다.
2. 같은 코에 코바늘을 넣어 실을 끌어 올립니다.
3. 또 한 코를 뜹니다.

코 줄이기(Decrease)

두 코 이상을 함께 뜨면 코 줄이기를 할 수 있습니다. 방법은 두 가지가 있지만, 저는 인형을 만들 때 항상 '전통적인 코 줄이기' 방법을 사용합니다. 특별한 이유가 있는 것은 아니고 처음부터 그렇게 배워서 그 방법이 자연스럽기 때문이에요. 하지만 이 방법을 쓸 경우 치밀하게 뜨지 않으면 작은 구멍이 남을 수 있기 때문에 요즘에는 잘 사용하지 않아요.

1-2. 이전 단의 연이은 두 코에서 각각 코를 뜨는데, 마지막 마무리는 하지 않습니다.
3. 실 감기를 합니다.
4. 코바늘에 걸린 3개의 고리 사이로 실을 잡아 뺍니다.

나선형뜨기(Working in Spirals)

중심에서부터 코를 늘려가는 이 기법은 모자나 도일리처럼 둥근 작품을 만들 때 사용됩니다. 원형뜨기를 할 때, 각 단을 빼뜨기로 마무리하는 것이 일반적입니다. 하지만 이렇게 하면 원은 완벽하게 만들어질지 몰라도 계속해서 단마다 흔적이 남기 때문에 귀여운 인형에는 어울리지 않죠. 그래서 이 흔적을 만들지 않기 위해, 원형단을 연결하지 않는 나선형뜨기 기법을 사용합니다.

연속으로 나선형을 뜰 때는 스티치마커를 사용하는 것이 좋아요(적극 추천합니다). 새로운 단이 시작되고, 이전 단이 끝나는 지점을 알려주기 때문이죠. 스티치마커를 단이 시작하는 곳에 끼울지, 아니면 단이 끝나는 곳에 끼울지는 뜨개질을 하는 사람의 마음이지만, 일단 위치를 정하면 끝까지 바꾸지 말아야 합니다. 원형단이 끝나는 곳은 스티치마커의 바로 위여야 합니다. 한 단을 뜬 후에는 스티치마커를 다음 단의 시작 또는 끝으로 옮겨 끼워서 현재 위치를 계속 표시합니다.

실고리로 원형코 만들기(Magic Ring)

아마 이 방법은 코바늘로 원형뜨기를 시작하는 가장 좋은 방법일 겁니다. 기본적으로 길이를 조절할 수 있는 고리에 필요한 콧수를 뜬 뒤 고리를 조여서 고리에 있는 코들의 틈을 메웁니다. 기법은 몇 가지가 있는데, 처음에는 다소 어려워 보일 수도 있어요. 하지만 처음에는 할 수 없을 것 같아도 걱정하지 말고 연습해보세요. 일단 인형 하나를 완성하면 이 기법을 완전히 익히게 될 거라고 자신합니다. 그리고 이 기법을 좋아하게 될 거예요.

1. 매듭지은 고리를 시작할 때처럼 실을 교차시켜서 고리를 만듭니다.
2-3. 그 고리를 엄지와 검지로 꽉 잡고 그 안에 코바늘을 넣어 실을 감아 잡아 뺍니다.
4. 고리를 계속 꽉 잡고(중요해요!), 고리 위에서 다시 실을 감아 코바늘에 걸린 고리 사이로 잡아 빼서 사슬코를 만듭니다. 이 사슬코가 고리를 잡아 매주는 역할을 합니다.
5-6. 코바늘을 다시 원과 실 끝 아래에 넣습니다(두 가닥이 교차한 것처럼 보여요). 실을 감아 고리를 잡아 뺍니다.
7. 다시 고리 위에서 실을 감아 코바늘에 걸린 2개의 고리 사이로 잡아 뺍니다. 이제 고리에서 첫 짧은뜨기를 떴어요.
8. 패턴에 따라 필요한 콧수만큼 만듭니다. 실 끝을 잡아당겨서 고리의 가운데를 조여서 막습니다. 걱정하지 말고 정말로 꽉 조입니다.
9. 빼뜨기로 원을 연결해도 되지만 하지 않아도 됩니다. 저는 여기에서만 원형단 연결을 합니다.

기초사슬코로 타원형 뜨기

원이 아닌 타원의 편물을 만들 때에는 기초사슬코에서 뜰 수 있습니다. 이 방법은 러그나 가방을 만들 때 사용하는 전통적인 방법인데, 여기에서는 주둥이와 귀, 일부 캐릭터의 몸통을 만들 때 사용됩니다.

1. 필요한 콧수의 기초사슬코를 만듭니다. 코바늘에서 두 번째 코에서 짧은뜨기 1코를 뜹니다(간혹 패턴에 따라 코 늘리기를 할 때도 있어요). 계속해서 각 사슬코에서 짧은뜨기 1코를 뜹니다.
2. 마지막 코는 코 늘리기를 합니다. 그래야 편물의 방향을 바꾸어 기초사슬코의 맞은편 고리에서 짧은뜨기를 계속할 수 있어요.

3-4. 편물을 뒤집어 놓고 기초사슬코의 밑면에서 짧은뜨기를 합니다. 뜰 수 있는 고리가 하나밖에 없으니 주의하세요.

5. 계속해서 기초사슬코의 밑면 고리에서 짧은뜨기를 합니다. 첫 번째 짧은뜨기의 옆에서 마지막 짧은뜨기를 해야 합니다. 패턴에 따라 마지막 코에서 코 늘리기를 할 수도 있어요.
6. 이제부터 나선형뜨기를 하면 됩니다.

실 색깔 바꾸기(배색)와 실 연결하기

이 기법은 실의 색깔을 바꾸거나 뜨던 실을 다 써서 새로 실을 연결해야 할 때 사용합니다.

1. 코바늘에 마지막 코의 고리 2개가 남을 때까지 기존 색의 실(뜨던 실)로 뜹니다.
2. 바꿀 색의 실(새 실)로 마지막 코를 마무리하고, 이어서 새 실로 계속 뜹니다. 나중에 필요하므로 실 끝을 잘라내지 마세요. 저는 코가 늘어지지 않도록 이전 실과 새 실의 끝을 서로 묶어줍니다.

주의 여러 색으로 줄무늬 단을 뜰 경우, 색깔 바꾸기는 이전 단의 마지막 코에서 합니다.

앞뒤고리에서 태피스트리 뜨기

앞고리에서 태피스트리 뜨기

뒷고리에서 태피스트리 뜨기

자카드 무늬뜨기와 태피스트리 뜨기

이 두 기법은 원래 대바늘뜨기와 직조라는 다른 텍스타일 영역의 기법입니다. 하지만 코바늘뜨기의 색깔 바꾸기에 응용되어 두 가지 이상의 색깔로 모티브와 패턴을 만들 때 사용됩니다. 여러 가지 색깔의 실로 색칠하는 것과 비슷합니다. 일반적으로 이런 모티브를 뜰 때는 각 코의 색깔이 표시된 도안을 보고 뜹니다. 도안을 사용하면 코를 세기도 쉽습니다.

자카드 무늬뜨기와 태피스트리 뜨기의 다른 점은 뜨개질을 하는 동안 여러 색깔의 실을 처리하는 방법입니다.

자카드 무늬뜨기는 사용하지 않는 실을 편물의 뒤에 놓았다가 다시 사용할 때 편물의 안쪽으로 가져와 색깔 바꾸기를 합니다.

패턴에 색깔 바꾸기가 지시되어 있을 경우, 한 코 앞에서 해야 한다는 점을 반드시 기억해야 합니다. 이 점을 유의하면서 패턴(도안)에 지시된 콧수대로 뜨개질을 하다가 색깔 바꾸기를 해야 할 때가 되면, 한 코 앞에서 바꿀 색의 실을 바꿔야 하는 위치로 가져옵니다. 색깔 바꾸기를 하는 동안 편물 안쪽에 두는 사용하지 않는 실은 느슨하게 남겨두어야 편물이 오그라들지 않아요.

주의 저는 색깔의 간격이 넓은 자카드 무늬뜨기를 할 때 안쪽의 실들을 잘라 서로 묶어둡니다. 사실 이 방법을 추천하는 것은 색깔 바꾸기를 하면 실들이 편물 안쪽에서 거미줄처럼 엮여서 솜을 제대로 채울 수 없기 때문입니다. 하지만 실을 자르고 싶지 않은 분은 늘어진 실을 두 코마다 줍는 방법을 사용해도 됩니다.

태피스트리 기법은 다른 색깔로 뜨는 동안 원래 색깔의 실은 (V의 윗부분) 코 안에 끼워 넣는 것입니다. 그러니까 코를 뜰 때마다 사용하지 않는 다른 색의 실을 감싸는 것이에요.

이 기법은 겉에서는 자카드 무늬뜨기와 많이 달라 보이지 않지만, 뒷면(안쪽)의 모습은 크게 달라서 마치 태피스트리 같습니다(그래서 태피스트리 기법이라는 이름이 붙었어요). 그리고 겉면과 안면 모두 늘어지는 실이 없다는 큰 장점이 있죠. 그래서 양면 모두 깔끔해야 하는 의류나 액세서리를 뜰 때 이용하면 좋습니다. 하지만 사소한 단점도 있어요. 이 기법으로 전체를 뜨지 않으면 이 기법으로 뜬 부분만 상대적으로 두툼해지고, 코와 코 사이로 '숨겨진' 색깔의 실이 보일 수 있다는 겁니다.

주의 태피스트리 기법으로 짧은뜨기를 하여 세로 선을 만들고 싶을 경우, 35쪽 샘플처럼 앞고리에만 뜨거나 뒷고리에만 뜨기를 해야 할 수도 있습니다.

마무리하기 (Fastening off)

편물을 완성한 후 마무리하는 방법입니다. 먼저 실을 마지막 코에서 5㎝ 정도 남기고 자른 뒤, 실 끝을 코바늘에 걸린 코 사이로 잡아 뺍니다. 편물을 꿰매야 할 경우에는 꿰매야 하는 콧수에 따라 실을 더 길게 남겨야 합니다. 꿰매지 않거나 솜을 넣어 원형뜨기를 하다가 마지막 단을 끝냈다면 실 끝을 보이지 않게 정리해야 합니다.

편평한 편물의 실 끝 정리하기

남긴 실을 돗바늘에 꿰웁니다. 편물의 안쪽 면을 앞에 놓고, 돗바늘을 단의 밑면에 있는 고리에 넣어 한 단 또는 몇 코를 통과시킵니다. 아니면 옆선의 고리들에 통과시켜도 됩니다. 남은 실을 자릅니다.

솜을 넣은 편물의 실 끝 정리하기

1-2 코 줄이기를 하는 마지막 원형단을 끝내고 마무리한 뒤 실을 15㎝ 정도 남기고 자릅니다. 남긴 실을 돗바늘에 꿰고, 돗바늘을 남은 코마다 앞고리부터 뒤에서 앞으로 통과시킵니다.

3 실을 잡아당겨서 구멍을 막습니다. 실이 풀어지지 않도록 돗바늘을 한두 코에 누벼 넣습니다. 남는 실을 자르고 보이지 않도록 코바늘을 이용하여 편물 속에 감춥니다.

자수

저는 지금도 자수에 자신이 없습니다. 유일하게 할 줄 아는 스티치는 어릴 때 인형 옷을 만들기 위해 배웠던 백스티치(박음질)입니다. 백스티치를 일렬로 하면 직선의 예쁜 스트레이트 스티치가 됩니다.

1. 실을 꿴 돗바늘을 편물의 뒤에 꽂고 짧은뜨기와 같은 길이의 스트레이트 스티치 한 땀을 뜹니다. 저는 주로 돗바늘을 코와 코 사이의 틈에 꽂아 수를 놓습니다.
2. 돗바늘을 한 땀 앞으로 뺐다가 방금 뜬 땀의 끝(같은 구멍)에 다시 꽂으면서 필요한 만큼 계속 수를 놓습니다.

편물 연결하기 (바느질)

코바늘뜨기를 하는 많은 사람처럼 저 역시 편물 조각들을 연결하는 바느질을 좋아하지 않아요. 대신 해주겠다는 사람이 있으면 비용을 지불할 마음도 있어요. 하지만 아직까지는 그런 사람이 없으니까 그냥 간단하면서도 만족스러운 방법을 연습하는 편이 좋을 것 같아요. 편물 조각들의 위치를 잘 모르면, 시침핀을 꽂고 모양이 어떤지 확인한 뒤 필요하면 조정하면 됩니다. 바느질하는 실은 가능하면 마무리 지으면서 남겨둔 실을 사용하세요.

구멍을 막지 않은 편물에 연결하기

이 기법은 얼굴처럼 솜을 채우지 않고 구멍을 막지 않는 편물에 주둥이, 볼, 부리, 뿔 등을 꿰매어 붙일 때 사용됩니다. 돗바늘에 실을 꿰고 조각들을 제 위치에 배치합니다. 필요하면 시침핀을 사용하세요. 얼굴에 주둥이나 부리를 꿰매어 붙일 때는 스티치마커가 있는 자리의 반대편에 붙이는 것이 보기에 좋습니다. 이대로 하면 색깔 바꾸기를 한 곳이 인형의 안쪽에 있게 됩니다. 돗바늘을 앞에서 뒤(안쪽)로 꽂으면서 첫 땀을 뜹니다. 붙여야 하는 조각의 마지막 원형단에서 각 코의 앞뒤고리 아래로 뒤에서 앞으로, 앞에서 뒤로 백스티치를 합니다. 편물 조각의 콧수가 30코라면 백스티치를 30회 해야 합니다. 완전히 붙이기 전에 솜을 채우는 것을 잊지 마세요. 솜을 일찍 채우면 꿰맬 때 얽히기 때문에, 저는 편물 조각을 거의 다 붙인 후에 채웁니다.

구멍을 막은 편물에 연결하기

이번에는 완성하여 마무리한 편물 조각에 구멍을 막지 않은 편물 조각(솜을 채운 것 또는 채우지 않은 것)을 꿰매어 붙이는 방법입니다. 돗바늘에 실을 꿰고, 가능하면 서로 코를 맞추어 조각들을 포개어 놓습니다. 마무리하고 솜을 채운 조각(예를 들면 몸통)의 고리 하나에 돗바늘을 꽂고, 이어서 꿰맬 조각의 코 앞뒤고리 아래에 돗바늘을 꽂아 통과시킵니다. 계속해서 조각 전체를 꿰매어 붙이고 마무리를 합니다. 실 끝을 보이지 않게 정리합니다.

코바늘뜨기의 용어와 기호

코바늘뜨기에는 전문 용어와 고유의 특징이 있습니다. 용어는 나라마다 다르고 심지어 한 나라에서도 지역에 따라 다른 경우도 있어요. 아래 표는 가장 널리 사용되는 용어와 기호를 간단하게 정리한 것입니다. 이 책에서는 미국식 용어를 사용합니다.

용어	US	기호
코	stitch(st)	
사슬뜨기	chain(ch)	○
빼뜨기	slip stitch(slst)	●
짧은뜨기	single crochet(sc)	×
긴뜨기	half double crochet(hdc)	T
한길긴뜨기	double crochet(dc)	₸
구슬뜨기	bobble stitch	⊕
코 늘리기	increase(inc)	⩔
코 줄이기	decrease(dec)	⩓
원형단	round(Rnd)	
고리	ring	

패턴 읽기

이 책에서 ( ) 안의 내용은 해당 단에서 반복해야 하는 뜨기법입니다.
각 단의 끝에 있는 [ ] 속의 숫자는 그 단에 있어야 하는 총 콧수입니다.
예를 들어 설명해볼게요.
3단: (짧은뜨기 1, 늘리기)×6 [18코]
위의 3단은 원형뜨기를 하는데, 단 전체에서 둥근 괄호 안의 내용을 6회 반복하고, 다 뜬 후에는 총 18코가 있다는 뜻이에요.
한 단의 지시사항을 여러 단에서 반복해야 하는 경우 '10-20단' 같은 형식으로 표기되고, 그 뜻은 원형 10단부터 20단까지(20단 포함) 같은 방식으로 뜨라는 뜻입니다.

붉은 여우 루카스

루카스는 어렸을 때 친구들과 숨바꼭질을 하며 노는 대신에 집 안에서 미스터리 탐정 소설을 보이는 대로 읽었어요. 시간이 흐르면서 장르의 구분 없이 모든 책을 좋아하게 되었죠. 새 책을 손에 넣으면 먼저 표지를 보고, 세세한 부분을 다 살펴보고, 종이를 만지고, 잉크 냄새도 맡아본답니다. 그리고 책에 실린 그림이나 조각, 사진을 보게 되면 기뻐서 집 주변을 펄쩍펄쩍 뛰어다녀요. 그래서 어른이 된 후로는 온갖 종류의 종이와 잉크 냄새가 풍기는 작은 인쇄소에서 일하게 되었어요. 이제 루카스는 책을 만들면서 깜짝 놀랄 만한 이야기를 만드는 일에 경외감을 갖고 있어요. 사실 루카스는 자신이 하는 모든 일에 경외감을 갖고 있답니다. 단, 껌을 씹으며 풍선을 만드는 일은 제외하고요. 루카스는 자신의 커다란 주둥이를 너무 싫어해서 저주할 정도예요.

 QR코드를 스캔하면 다양한 피카파우 친구들을 만날 수 있습니다.

주의 머리와 몸통을 하나로 뜹니다.

난이도 ★

키
34cm(제시된 실로 떴을 때, 귀 포함)

재료
- 우스티드 실: 빨간색, 오프화이트색, 파란색, 흰색, 검은색 약간, 파스텔핑크색 약간
- 코바늘 C-2(2.75mm)
- 검은색 나사형 인형눈(10mm)
- 돗바늘
- 솜

필요한 기술 실고리로 원형코 만들기(32쪽), 원형단 시작할 때 색깔 바꾸기(35쪽), 자수(38쪽), 연결하기(39쪽), 몸통을 두 부분으로 나누기(패턴에서 설명)

뺨(볼)

(2개, 파스텔핑크색, 원형뜨기)

1단 실고리로 원형코 만들기, 짧은뜨기 8 [8코]
첫 코에 빼뜨기, 실을 길게 남기고 자른 뒤 마무리를 합니다.

주둥이

(검은색 실로 시작, 원형뜨기)

1단 실고리로 원형코 만들기, 짧은뜨기 6 [6코]
2단 (늘리기)×6 [12코]
3-6단 짧은뜨기 12 [12코]
오프화이트색 실로 바꿉니다.
7단 (짧은뜨기 1, 늘리기)×6 [18코]
8-10단 짧은뜨기 18 [18코]
빨간색 실로 바꿉니다.
11단 짧은뜨기 8, (늘리기)×2, 짧은뜨기 8 [20코]
12단 짧은뜨기 20 [20코]
실을 길게 남기고 자른 뒤 마무리를 합니다. 검은색 실로 입을 수놓습니다. 주둥이에 솜을 채웁니다.

머리와 몸통

(빨간색 실로 시작, 원형뜨기)

1단 실고리로 원형코 만들기, 짧은뜨기 6 [6코]
2단 (늘리기)×6 [12코]
3단 (짧은뜨기 1, 늘리기)×6 [18코]
4단 (짧은뜨기 1, 늘리기)×9 [27코]
5단 (짧은뜨기 2, 늘리기)×9 [36코]
6단 (짧은뜨기 3, 늘리기)×9 [45코]
7단 (짧은뜨기 4, 늘리기)×9 [54코]
8단 (짧은뜨기 8, 늘리기)×6 [60코]
9-21단 짧은뜨기 60 [60코]
22단 (짧은뜨기 3, 줄이기)×12 [48코]
23단 (짧은뜨기 2, 줄이기)×12 [36코]
주둥이를 14-20단 사이에 꿰매어 붙이는데, 원형단이 시작하는 곳의 반대편에 놓아야 합니다. 16-17단 사이에, 주둥이에서 3코 간격을 두고 나사형 인형눈을 끼웁니다. 인형눈 아래에 뺨(볼)을 꿰매어 붙입니다.
24단 (짧은뜨기 4, 줄이기)×6 [30코]
25단 (짧은뜨기 1, 줄이기)×10 [20코]
26단 짧은뜨기 20 [20코]
머리에 솜을 탄탄하게 채웁니다. 계속해서 흰색과 파란색 실로 단마다 색깔을 바꾸어 스트라이프 패턴을 뜹니다.

27단 (짧은뜨기 1, 늘리기)×10 [30코]
28-31단 짧은뜨기 30 [30코]
32단 (짧은뜨기 4, 늘리기)×6 [36코]
33-37단 짧은뜨기 36 [36코]
38단 (짧은뜨기 8, 늘리기)×4 [40코]
39단 짧은뜨기 40 [40코]
빨간색 실로 바꿉니다.
40단 뒷고리에만 짧은뜨기 40 [40코]
41-48단 짧은뜨기 40 [40코]
실을 마무리하지 않습니다.

다리

다리를 만들기 위해 코를 나눕니다. 다리 하나에 16코씩, 두 다리 사이 공간을 위해 앞쪽에 4코, 뒤쪽에 4코로 나눕니다(이때 스티치마커를 사용하면 편리합니다). 두 다리와 머리가 나란하지 않으면 몸통에서 짧은뜨기를 더 뜨거나 코를 풀어 나란하게 맞춥니다. 뒤쪽 다리에 표시된 코를 앞쪽에 표시된 코와 짧은뜨기로 연결합니다(이 짧은뜨기는 다리의 첫 번째 코가 됩니다). 이제 첫 번째 다리의 코들이 원형으로 연결되었습니다. 계속해서 첫 번째 다리를 뜹니다.

49-70단 짧은뜨기 16 [16코]
몸통과 다리에 솜을 탄탄하게 채웁니다.
71단 (짧은뜨기 2, 줄이기)×4 [12코]
72단 (줄이기)×6 [6코]
실을 길게 남기고 자른 뒤 마무리를 합니다. 남긴 실을 돗바늘에 꿰어 남은 각 코의 앞고리에 통과시킨 뒤, 세게 잡아당겨서 구멍을 막습니다. 실 끝을 보이지 않게 정리합니다.

두 번째 다리

48단의 뒤쪽에서 뜨지 않은 다섯 번째 코에 빨간색 실을 다시 연결합니다. 여기에서 두 번째 다리의 첫 번째 코를 시작합니다. 시작하는 실을 길게 남깁니다.
49단 짧은뜨기 16, 열여섯 번째 코에 이르면 첫 번째 코에 짧은뜨기를 하여 원형으로 연결합니다 [16코]
50-72단 첫 번째 다리와 같은 방식으로 뜹니다.
두 번째 다리에 솜을 탄탄하게 채우고 필요하면 몸통에도 솜을 더 채웁니다. 시작하며 남긴 실을 돗바늘에 꿰어 두 다리 사이의 4코를 꿰매어 막습니다.

팔

(2개, 빨간색 실로 시작, 원형뜨기)
1단 실고리로 원형코 만들기, 짧은뜨기 6 [6코]
2단 (늘리기)×6 [12코]
3-4단 짧은뜨기 12 [12코]
5단 짧은뜨기 1, 한길긴뜨기 5코 구슬뜨기, 짧은뜨기 10 [12코]
6-16단 짧은뜨기 12 [12코]
계속해서 흰색과 파란색 실로 단마다 색깔을 바꾸어 스트라이프 패턴을 뜹니다.
17-21단 짧은뜨기 12 [12코]
22단 (짧은뜨기 1, 줄이기)×4 [8코]
실을 길게 남기고 자른 뒤 마무리를 합니다.
팔에 솜을 채웁니다. 두 팔을 몸통의 양옆 28-29단 사이에 꿰매어 붙입니다.

꼬리

(오프화이트색 실로 시작, 원형뜨기)
1단 실고리로 원형코 만들기, 짧은뜨기 6 [6코]
2단 (늘리기)×6 [12코]
3단 (짧은뜨기 1, 늘리기)×6 [18코]
4단 짧은뜨기 18 [18코]
5단 (짧은뜨기 2, 늘리기)×6 [24코]
6단 짧은뜨기 24 [24코]
7단 (짧은뜨기 5, 늘리기)×4 [28코]
8단 짧은뜨기 28 [28코]
9단 (짧은뜨기 6, 늘리기)×4 [32코]
10단 짧은뜨기 32 [32코]
빨간색 실로 바꿉니다.
11-16단 짧은뜨기 32 [32코]
17단 (짧은뜨기 6, 줄이기)×4 [28코]
18-19단 짧은뜨기 28 [28코]
20단 (짧은뜨기 5, 줄이기)×4 [24코]

21-22단 짧은뜨기 24 [24코]
23단 (짧은뜨기 4, 줄이기)×4 [20코]
24-25단 짧은뜨기 20 [20코]
26단 (짧은뜨기 3, 줄이기)×4 [16코]
27-28단 짧은뜨기 16 [16코]
29단 (짧은뜨기 2, 줄이기)×4 [12코]
30단 짧은뜨기 12 [12코]

실을 길게 남기고 자른 뒤 마무리를 합니다. 솜을 채우는데, 끝에는 조금만 채웁니다. 꼬리를 몸통의 뒷면 43-44단 사이에 꿰매어 붙입니다.

귀

(2개, 빨간색, 원형뜨기)

1단 실고리로 원형코 만들기, 짧은뜨기 6 [6코]
2단 (늘리기)×6 [12코]
3단 짧은뜨기 12 [12코]
4단 (짧은뜨기 3, 늘리기)×3 [15코]
5-7단 짧은뜨기 15코 [15코]
8단 (짧은뜨기 4, 늘리기)×3 [18코]
9-11단 짧은뜨기 18 [18코]
12단 (짧은뜨기 5, 늘리기)×3 [21코]
13-15단 짧은뜨기 21 [21코]

실을 길게 남기고 자른 뒤 마무리를 합니다. 귀에는 솜을 채우지 않아도 됩니다.
귀 안쪽에 오프화이트색 실로 줄무늬를 수놓습니다. 귀를 편평하게 편 뒤 머리에 꿰매어 붙입니다.

토끼 길버트

길버트는 시인입니다. 들판을 다니면서 키 큰 풀 위로 부는 바람 소리와 벌들이 붕붕대는 소리 듣기와 울창한 나뭇잎 사이로 자그마하게 점점이 보이는 햇빛 보는 것을 좋아하죠. 그러고는 그렇게 보고 들은 것들을 노트에 적습니다. 그런 노트들이 그의 집 곳곳에 있답니다. 길버트는 정리정돈을 잘하는 타입은 아니지만, 훌륭한 시인이에요. 여가 시간에는 대바늘뜨기와 코바늘뜨기 도서를 전문으로 펴내는 출판사에서 편집자로 일합니다. 길버트는 세세한 것까지 모두 신경을 쓰기 때문에 그 많은 숫자와 문장, 문단에서 보이는 사소한 실수를 하나도 놓치지 않아요. 그리고 손뜨개 책이 지루하지 않게 이따금 시적인 은유의 표현을 넣기도 한답니다.

 QR코드를 스캔하면 다양한 피카파우 친구들을 만날 수 있습니다.

주의 머리와 몸통을 하나로 뜹니다.

난이도 ★

키
38㎝(제시된 실로 떴을 때, 귀 포함)

재료
- 우스티드 실: 청회색, 오프화이트색, 노란색, 검은색 약간, 파스텔핑크색, 연분홍색, 크림색, 흑연색, 베이지색
- 코바늘 C-2(2.75㎜)
- 검은색 나사형 인형눈(10㎜)
- 돗바늘
- 솜

필요한 기술 실고리로 원형코 만들기(32쪽), 원형단 시작할 때 색깔 바꾸기(35쪽), 몸통을 두 부분으로 나누기(47쪽), 연결하기(39쪽), 자수(38쪽)

뺨(볼)

(2개, 파스텔핑크색, 원형뜨기)

1단 실고리로 원형코 만들기, 짧은뜨기 8 [8코]
첫 코에 빼뜨기, 실을 길게 남기고 자른 뒤 마무리를 합니다.

주둥이

(오프화이트색, 원형뜨기)

1단 실고리로 원형코 만들기, 짧은뜨기 6 [6코]
2단 (늘리기)×6 [12코]
3단 (짧은뜨기 1, 늘리기)×6 [18코]
4단 짧은뜨기 18 [18코]
실을 길게 남기고 자른 뒤 마무리를 합니다. 검은색 실로 코와 입을 수놓습니다.

머리와 몸통

(청회색 실로 시작, 원형뜨기)

1단 실고리로 원형코 만들기, 짧은뜨기 6 [6코]
2단 (늘리기)×6 [12코]
3단 (짧은뜨기 1, 늘리기)×6 [18코]
4단 (짧은뜨기 2, 늘리기)×6 [24코]
5단 (짧은뜨기 3, 늘리기)×6 [30코]
6단 (짧은뜨기 4, 늘리기)×6 [36코]
7단 (짧은뜨기 5, 늘리기)×6 [42코]
8단 (짧은뜨기 6, 늘리기)×6 [48코]
9단 (짧은뜨기 7, 늘리기)×6 [54코]
10단 (짧은뜨기 8, 늘리기)×6 [60코]
11-22단 짧은뜨기 60 [60코]
23단 (짧은뜨기 3, 줄이기)×12 [48코]
24단 (짧은뜨기 2, 줄이기)×12 [36코]

주둥이를 14-19단 사이에 꿰매어 붙이는데, 원형단이 시작하는 곳의 반대편에 놓아야 합니다. 완전히 꿰매기 전에 주둥이에 솜을 채워 넣습니다. 16-17단 사이에, 주둥이에서 3코 간격을 두고 나사형 인형눈을 끼웁니다. 인형눈 아래에 뺨(볼)을 꿰매어 붙입니다. 이마에 베이지색 실로 짧은 선을 수놓습니다.

25단 (짧은뜨기 4, 줄이기)×6 [30코]
26단 (짧은뜨기 1, 줄이기)×10 [20코]
27단 짧은뜨기 20 [20코]
머리에 솜을 탄탄하게 채웁니다. 오프화이트색 실로 바꿉니다.
28단 (짧은뜨기 1, 늘리기)×10 [30코]
계속해서 노란색 2단, 오프화이트색 1단으로 스트라이프 패턴을 뜹니다.
29-32단 짧은뜨기 30 [30코]
33단 (짧은뜨기 4, 늘리기)×6 [36코]
34-38단 짧은뜨기 36 [36코]
39단 (짧은뜨기 8, 늘리기)×4 [40코]
40단 짧은뜨기 40 [40코]
청회색 실로 바꿉니다.
41단 뒷고리에만 짧은뜨기 40 [40코]
42-49단 짧은뜨기 40 [40코]
실을 마무리하지 않습니다.

다리

다리를 만들기 위해 코를 나눕니다. 다리 하나에 16코씩, 두 다리 사이 공간을 위해 앞쪽에 4코, 뒤쪽에 4코로 나눕니다(이때 스티치마커를 사용하면 편리합니다). 두 다리와 머리가 나란하지 않으면 몸통에서 짧은뜨기를 더 뜨거나 코를 풀어 나란하게 맞춥니다. 뒤쪽 다리에 표시된 코를 앞쪽에 표시된 코와 짧은뜨기로 연결합니다(이 짧은뜨기는 다리의 첫 번째 코가 됩니다). 이제 첫 번째 다리의 코들이 원형으로 연결되었습니다. 계속해서 첫 번째 다리를 뜹니다.
50-71단 짧은뜨기 16 [16코]
몸통과 다리에 탄탄하게 솜을 채웁니다.
72단 (짧은뜨기 2, 줄이기)×4 [12코]
73단 (줄이기)×6 [6코]
실을 길게 남기고 자른 뒤 마무리를 합니다. 남긴 실을 돗바늘에 꿰어 남은 각 코의 앞고리에 통과시킨 뒤, 세게 잡아당겨서 구멍을 막습니다. 실 끝을 보이지 않게 정리합니다.

두 번째 다리

49단의 뒤쪽에서 뜨지 않은 다섯 번째 코에 청회색 실을 다시 연결합니다. 여기에서 두 번째 다리의 첫 번째 코를 시작합니다. 시작하는 실을 길게 남깁니다.

50단 짧은뜨기 16, 열여섯 번째 코에 이르면 첫 번째 코에 짧은뜨기를 하여 원형으로 연결합니다 [16코]
51-73단 첫 번째 다리와 같은 방식으로 뜹니다.
두 번째 다리에 솜을 탄탄하게 채우고 필요하면 몸통에도 솜을 더 채웁니다. 시작하며 남긴 실을 돗바늘에 꿰어 두 다리 사이의 4코를 꿰매어 막습니다.

팔

(2개, 청회색 실로 시작, 원형뜨기)
1단 실고리로 원형코 만들기, 짧은뜨기 6 [6코]
2단 (늘리기)×6 [12코]
3-4단 짧은뜨기 12 [12코]
5단 짧은뜨기 1, 한길긴뜨기 5코 구슬뜨기, 짧은뜨기 10 [12코]
6-16단 짧은뜨기 12 [12코]
오프화이트색 실로 바꿉니다. 계속해서 오프화이트색 1단, 노란색 2단으로 스트라이프 패턴을 뜹니다.
17-21단 짧은뜨기 12 [12코]
22단 (짧은뜨기 1, 줄이기)×4 [8코]
실을 길게 남기고 자른 뒤 마무리를 합니다. 팔에 솜을 채우고, 팔을 몸통 29-30단 사이의 양옆에 꿰매어 붙입니다.

귀

(2개, 청회색 실로 시작, 원형뜨기)
주의 귀는 자카드 무늬뜨기 기법으로 만듭니다. 아니면 한 가지 색으로 귀를 뜨고, 100쪽에 설명된 암소 라모나의 속귀 패턴을 이용하여 별도의 속귀를 만들어도 됩니다.
1단 실고리로 원형코 만들기, 짧은뜨기 5 [5코]
2단 (늘리기)×5 [10코]
3단 (짧은뜨기 1, 늘리기)×5 [15코]
계속해서 청회색 실과 베이지색 실을 번갈아가며 뜹니다. 부분마다 색깔이 제시되어 있어요.
4단 (청회색) 짧은뜨기 3, (베이지) 짧은뜨기 2, (청회색) 짧은뜨기 10 [15코]

5-20단 (청회색) 짧은뜨기 2, (베이지) 짧은뜨기 4, (청회색) 짧은뜨기 9 [15코]
계속해서 청회색 실로 뜹니다.
21단 짧은뜨기 15 [15코]
실을 길게 남기고 자른 뒤 마무리를 합니다. 귀에는 솜을 채우지 않아요. 귀를 편평하게 펴고 끝단을 반으로 접어 정수리에 꿰매어 붙입니다.

작업복

(크림색 실로 시작)

사슬뜨기 46, 사슬코가 꼬이지 않도록 주의하면서 코바늘을 첫 번째 사슬코에 넣고 빼뜨기를 하여 기초사슬코를 연결합니다. 계속해서 나선형뜨기를 합니다.
크림색과 흑연색 실로 단마다 색깔을 바꾸어 스트라이프 패턴을 뜹니다.

1-2단 짧은뜨기 46 [46코]
3단 (짧은뜨기 22, 늘리기)×2 [48코]
4-5단 짧은뜨기 48 [48코]
6단 (짧은뜨기 23, 늘리기)×2 [50코]
7-8단 짧은뜨기 50 [50코]
9단 (짧은뜨기 24, 늘리기)×2 [52코]
10-12단 짧은뜨기 52 [52코]
실을 마무리하지 않습니다.

작업복 바지 다리

바지 다리를 만들기 위해 코를 나눕니다. 다리 하나에 22코씩, 두 다리 사이 가운데 공간을 위해 4코, 뒤쪽에 4코로 나눕니다(이때 스티치마커를 사용하면 편리합니다). 뒤쪽 다리에 표시된 코를 앞쪽에 표시된 코와 짧은뜨기로 연결합니다(이 짧은뜨기는 다음 단의 첫 번째 코가 됩니다). 이제 작업복 첫 번째 다리의 코들이 원형으로 연결되었습니다. 계속해서 스트라이프 패턴으로 첫 번째 다리를 뜹니다.

13-19단 짧은뜨기 22 [22코]
20단 빼뜨기 22 [22코]
실을 자르고 마무리를 한 뒤, 실 끝을 보이지 않게 정리합니다.

작업복 바지 두 번째 다리

12단의 뒤쪽에서 뜨지 않은 5번째 코에 크림색 실을 다시 연결합니다. 여기에서 작업복 바지 두 번째 다리의 첫 번째 코를 시작합니다. 시작하는 실을 길게 남깁니다.

13단 짧은뜨기 22, 스물두 번째 코에 이르면 첫 번째 코에 짧은뜨기를 하여 원형으로 연결합니다 [22코]
14-20단 작업복 바지 첫 번째 다리와 같은 방식으로 뜹니다.
실을 자르고 마무리를 한 뒤, 실 끝을 보이지 않게 정리합니다. 시작하며 남긴 실을 돗바늘에 꿰어 두 다리 사이의 4코를 꿰매어 막습니다.

작업복 허리밴드와 어깨끈

(파스텔핑크색)

작업복 뒷면 1단에서 중심 코를 확인한 뒤, 이 코에 파스텔핑크색 실을 연결합니다. 이제 허리밴드를 뜹니다.

1단 짧은뜨기 46 [46코]
계속해서 어깨끈을 뜹니다.
6, 18, 29, 41번째 코에 스티치마커를 끼웁니다. 이 4개의 스티치마커는 어깨끈을 시작하는 곳 또는 연결하는 곳을 표시합니다.

2단 짧은뜨기 6, 사슬뜨기 22, 허리밴드의 11코 건너뛰기, 허리밴드에 다음 마커가 있는 코에 짧은뜨기 1, 계속해서 짧은뜨기 11, 사슬뜨기 22, 허리밴드의 11코 건너뛰기, 허리밴드의 뒤편에 다음 마커가 있는 코에 짧은뜨기 1, 계속해서 짧은뜨기 5 [24코+사슬 44코]

3단 어깨끈에 이를 때까지 뒷고리에 빼뜨기 6, 어깨끈에 빼뜨기 22, 허리밴드의 뒷고리에 빼뜨기 12, 두 번째 어깨끈에 빼뜨기 22, 허리밴드의 뒷고리에 빼뜨기 6 [68코]

이제 진동둘레를 뜰 차례입니다. 왼쪽 진동둘레를 뜨기 위해 뒤편 허리밴드의 오른쪽 첫 코에 파스텔핑크색 실을 연결합니다. 뒷고리에 빼뜨기 11, 어깨끈 사슬코에 빼뜨기 22, 실을 자른 뒤 마무리를 하고 실 끝을 보이지 않게 정리합니다. 오른쪽 진동둘레도 같은 방식으로 뜹니다. 앞면 허리밴드의 오른쪽 첫 코에 파스텔핑크색 실을 연결합니다.

연분홍색 실로 지름 3cm의 폼폼을 만들어서 작업복 뒷면에 꿰매어 붙입니다.

생쥐 올리비아 로즈마리

올리비아 로즈마리는 '로메로' 삼촌에게서 받은 로즈마리라는 이름을 좋아합니다(로즈마리를 스페인어로 바꾸면 로메로예요). 올리비아라는 이름은 어머니가 《위대한 생쥐 탐정》에 나오는 귀여운 생쥐인 올리비아 플래버샴에 푹 빠져서 지어준 것 같아요. 사람들은 로즈마리와 올리브가 궁합이 잘 맞는 식재료라고 생각하죠(특히 여기에 마늘과 감자를 곁들이면 정말 잘 어울립니다). 맞아요. 우리 생각으로는 올리비아가 태어났을 때 올리비아의 어머니는 그저 저녁 식사 생각을 한 것 같아요. 그러나 이름의 유래와는 상관없이 올리비아는 자신이 올리비아 플래버샴처럼 생겼다고 생각해요(아마 붉은 여우 루카스의 영향을 받아서 그런가 봐요). 그리고 미스터리와 탐정 이야기를 정말 좋아해서 사설탐정이 되겠다고 결심했답니다. 그래서 코난 도일의 책을 모두 읽었고요. 이제는 셜록 홈즈의 동생인 에놀라 홈즈의 추리소설을 읽기 시작했어요.

 QR코드를 스캔하면 다양한 피카파우 친구들을 만날 수 있습니다.

주의 머리와 몸통을 하나로 뜹니다.
주의 별도의 설명이 없으면 C-2(2.75mm) 코바늘로 뜹니다.

난이도 ★

키
30cm(제시된 실로 떴을 때, 귀 포함)

재료
- 우스티드 실:
  토프브라운색(회갈색),
  베이지색, 연분홍색,
  파스텔핑크색 약간,
  흑연색, 파스텔민트색,
  페트롤블루색(녹청색)
- 핑거링 실: 오프화이트색
- 코바늘 C-2(2.75mm), B-1(2mm)
- 검은색 나사형 인형눈(10mm)
- 돗바늘
- 솜

필요한 기술 실고리로 원형코 만들기(32쪽), 단 중간에 색깔 바꾸기(35쪽), 몸통을 두 부분으로 나누기(47쪽), 태피스트리 뜨기(36쪽), 연결하기(39쪽), 자수(38쪽)

뺨(볼)

(2개, 파스텔핑크색, 원형뜨기)
- **1단** 실고리로 원형코 만들기, 짧은뜨기 6 [6코]
- **2단** (늘리기)×6 [12코]

첫 코에 빼뜨기, 실을 길게 남기고 자른 뒤 마무리를 합니다.

주둥이

(베이지색, 원형뜨기)
- **1단** 실고리로 원형코 만들기, 짧은뜨기 6 [6코]
- **2단** (짧은뜨기 1, 늘리기)×3 [9코]
- **3단** 짧은뜨기 9 [9코]
- **4단** (짧은뜨기 2, 늘리기)×3 [12코]
- **5단** 짧은뜨기 12 [12코]

실을 길게 남기고 자른 뒤 마무리를 합니다. 흑연색 실로 코와 입을 수놓습니다.

머리와 몸통

(토프브라운색, 원형뜨기)
- **1단** 실고리로 원형코 만들기, 짧은뜨기 6 [6코]
- **2단** (늘리기)×6 [12코]
- **3단** (짧은뜨기 1, 늘리기)×6 [18코]
- **4단** (짧은뜨기 2, 늘리기)×6 [24코]
- **5단** (짧은뜨기 3, 늘리기)×6 [30코]
- **6단** (짧은뜨기 4, 늘리기)×6 [36코]
- **7단** (짧은뜨기 5, 늘리기)×6 [42코]
- **8단** (짧은뜨기 6, 늘리기)×6 [48코]
- **9단** (짧은뜨기 7, 늘리기)×6 [54코]
- **10-20단** 짧은뜨기 54 [54코]
- **21단** (짧은뜨기 7, 줄이기)×6 [48코]
- **22단** (짧은뜨기 2, 줄이기)×12 [36코]

주둥이를 14-18단 사이에 꿰매어 붙이는데, 원형단이 시작하는 곳의 반대편에 놓아야 합니다. 완전히 꿰매기 전에 주둥이에 솜을 채웁니다. 15-16단 사이에 주둥이에서 3코 간격을 두고 나사형 인형눈을 끼웁니다. 인형눈 아래에 뺨(볼)을 꿰매어 붙입니다.

23단 (짧은뜨기 4, 줄이기)×6 [30코]
24단 (짧은뜨기 3, 줄이기)×6 [24코]
25단 (짧은뜨기 2, 줄이기)×6 [18코]
26단 짧은뜨기 18 [18코]
머리에 솜을 탄탄하게 채웁니다.
27단 (짧은뜨기 1, 늘리기)×9 [27코]
28단 짧은뜨기 27 [27코]
29단 (짧은뜨기 2, 늘리기)×9 [36코]
30-42단 짧은뜨기 36 [36코]
실을 마무리하지 않습니다.

다리

다리를 만들기 위해 코를 나눕니다. 다리 하나에 15코씩, 두 다리 사이 공간을 위해 앞쪽에 3코, 뒤쪽에 3코로 나눕니다(이때 스티치마커를 사용하면 편리합니다). 두 다리와 머리가 나란하지 않으면 몸통에서 짧은뜨기를 더 뜨거나 코를 풀어 나란하게 맞춥니다. 뒤쪽 다리에 표시된 코를 앞쪽에 표시된 코와 짧은뜨기로 연결합니다(이 짧은뜨기는 다리의 첫 번째 코가 됩니다). 이제 첫 번째 다리의 코들이 원형으로 연결되었습니다. 계속해서 첫 번째 다리를 뜹니다.
43-60단 짧은뜨기 15 [15코]
몸통과 다리에 솜을 탄탄하게 채웁니다.
61단 (짧은뜨기 1, 줄이기)×5 [10코]
62단 (줄이기)×5 [5코]
실을 길게 남기고 자른 뒤 마무리를 합니다. 남긴 실을 돗바늘에 꿰어 남은 각 코의 앞고리에 통과시킨 뒤 세게 잡아당겨서 구멍을 막습니다. 실 끝을 보이지 않게 정리합니다.

두 번째 다리

42단의 뒤쪽에서 뜨지 않은 네 번째 코에 토프브라운색 실을 다시 연결합니다. 여기에서 두 번째 다리의 첫 번째 코를 시작합니다. 시작하는 실을 길게 남깁니다.
43단 짧은뜨기 15, 열다섯 번째 코에 이르면 첫 코에서 짧은뜨기를 하여 원형으로 연결합니다 [15코]
44-62단 첫 번째 다리와 같은 방식으로 뜹니다.
두 번째 다리에 솜을 탄탄하게 채우고 필요하면 몸통에도 솜을 더 채웁니다. 시작하며 남긴 실을 돗바늘에 꿰어 두 다리 사이의 3코를 꿰매어 막습니다.

팔

(2개, 토프브라운색, 원형뜨기)
1단 실고리로 원형코 만들기, 짧은뜨기 5 [5코]
2단 (늘리기)×5 [10코]
3-20단 짧은뜨기 10 [10코]
21단 (짧은뜨기 3, 줄이기)×2 [8코]
실을 길게 남기고 자른 뒤 마무리를 합니다. 팔에 솜을 채웁니다. 두 팔을 몸통의 양옆 28-29단 사이에 꿰매어 붙입니다.

귀

(2개, 원형뜨기)
귀는 2개의 원형 편물을 연결하여 만듭니다.

속 귀

(연분홍색)

1단 실고리로 원형코 만들기, 짧은뜨기 8 [8코]
2단 (늘리기)×8 [16코]
3단 (짧은뜨기 1, 늘리기)×8 [24코]
4단 (짧은뜨기 2, 늘리기)×8 [32코]
5단 (짧은뜨기 3, 늘리기)×8 [40코]
실을 자르고 마무리한 뒤, 실 끝을 보이지 않게 정리합니다.

겉 귀

(토프브라운색)

1-5단 속귀와 같은 방식으로 뜹니다.
실을 마무리하지 않습니다. 이제 연분홍 원형 편물과 토프브라운색 원형 편물을 안쪽 면끼리 맞대어 연결할 거예요.
6단 코바늘을 두 원형 편물의 앞뒤고리 아래에 넣어 뜹니다. 짧은뜨기 40, 사슬뜨기 1, 방향 바꾸기 [40코]
7단 빼뜨기 40 [40코]
마지막 빼뜨기를 첫 빼뜨기에 연결합니다. 실을 길게 남기고 자른 뒤 마무리를 합니다. 끝단을 반으로 접어 정수리에 꿰매어 붙입니다.

꼬리

(베이지색, 원형뜨기)
1단 실고리로 원형코 만들기, 짧은뜨기 5 [5코]
2-32단 짧은뜨기 5 [5코]

실을 길게 남기고 자른 뒤 마무리를 합니다. 꼬리에는 솜을 채우지 않아요.

속바지

(핑거링 오프화이트색, B-1(2㎜)코바늘 사용)
느슨하게 사슬뜨기 50코, 사슬코가 꼬이지 않도록 주의하면서 코바늘을 첫 번째 사슬코에 넣고 빼뜨기를 하여 기초사슬코를 연결합니다. 계속해서 나선형뜨기를 합니다.

주의 의류를 뜰 때는 잘 맞는지 항상 점검하는 것이 좋습니다. 잘 맞지 않으면 코바늘의 호수나 실의 두께를 바꾸거나 코를 더 뜨거나 풀어서 콧수를 바꿔야 할 수도 있습니다. 이 과정에서 일이 늘어나겠지만, 그 결과는 훨씬 만족스러울 거예요.

1-2단 짧은뜨기 50 [50코]
3단 (짧은뜨기 4, 늘리기)×10 [60코]
4단 짧은뜨기 60 [60코]
5단 (짧은뜨기 5, 늘리기)×10 [70코]
6-8단 짧은뜨기 70 [70코]
9단 (짧은뜨기 6, 늘리기)×10 [80코]
10단 사슬뜨기 6, 6코 건너뛰기, 짧은뜨기 74 [80코]
11-18단 짧은뜨기 80 [80코]
실을 마무리하지 않습니다.

속바지 다리

속바지 다리를 만들기 위해 코를 나눕니다. 다리 하나에 34코씩, 두 다리 사이 가운데 공간을 위해 6코, 뒤쪽에 6코로 나눕니다(이때 스티치마커를 사용하면 편리합니다). 10단의 꼬리 구멍이 뒤쪽 가운데에 있는지 확인합니다. 뒤쪽 첫 번째 다리에 표시된 코를 앞쪽에 표시된 코와 짧은뜨기로 연결합니다(이 짧은뜨기는 속바지 다리의 첫 번째 코가 됩니다).
이제 속바지 첫 번째 다리의 코들이 원형으로 연결되었습니다. 계속해서 속바지 첫 번째 다리를 뜹니다.

19-20단 짧은뜨기 34 [34코]
21단 (짧은뜨기 15, 줄이기)×2 [32코]
22-23단 짧은뜨기 32 [32코]
24단 (짧은뜨기 2, 줄이기)×8 [24코]
25단 짧은뜨기 24 [24코]
26단 (1코에 긴뜨기 4, 빼뜨기 1)×12 [60코]
마무리를 하고 실 끝을 보이지 않게 정리합니다.

두 번째 다리

18단의 뒤쪽에서 뜨지 않은 일곱 번째 코에 오프화이트색 실을 다시 연결합니다. 여기에서 두 번째 다리의 첫 번째 코를 시작합니다. 시작하는 실을 길게 남깁니다.

19단 짧은뜨기 34, 서른네 번째 코에 이르면 첫 코에서 짧은뜨기를 하여 원형으로 연결합니다 [34코]
20-26단 속바지 첫 번째 다리와 같은 방식으로 뜹니다.
마무리를 하고 실 끝을 보이지 않게 정리합니다. 시작하며 남긴 실을 돗바늘에 꿰어 두 다리 사이의 6코를 꿰매어 막습니다. 인형에게 속바지를 입혀서 꼬리의 위치를 표시합니다. 꼬리를 엉덩이에 꿰매어 붙입니다.

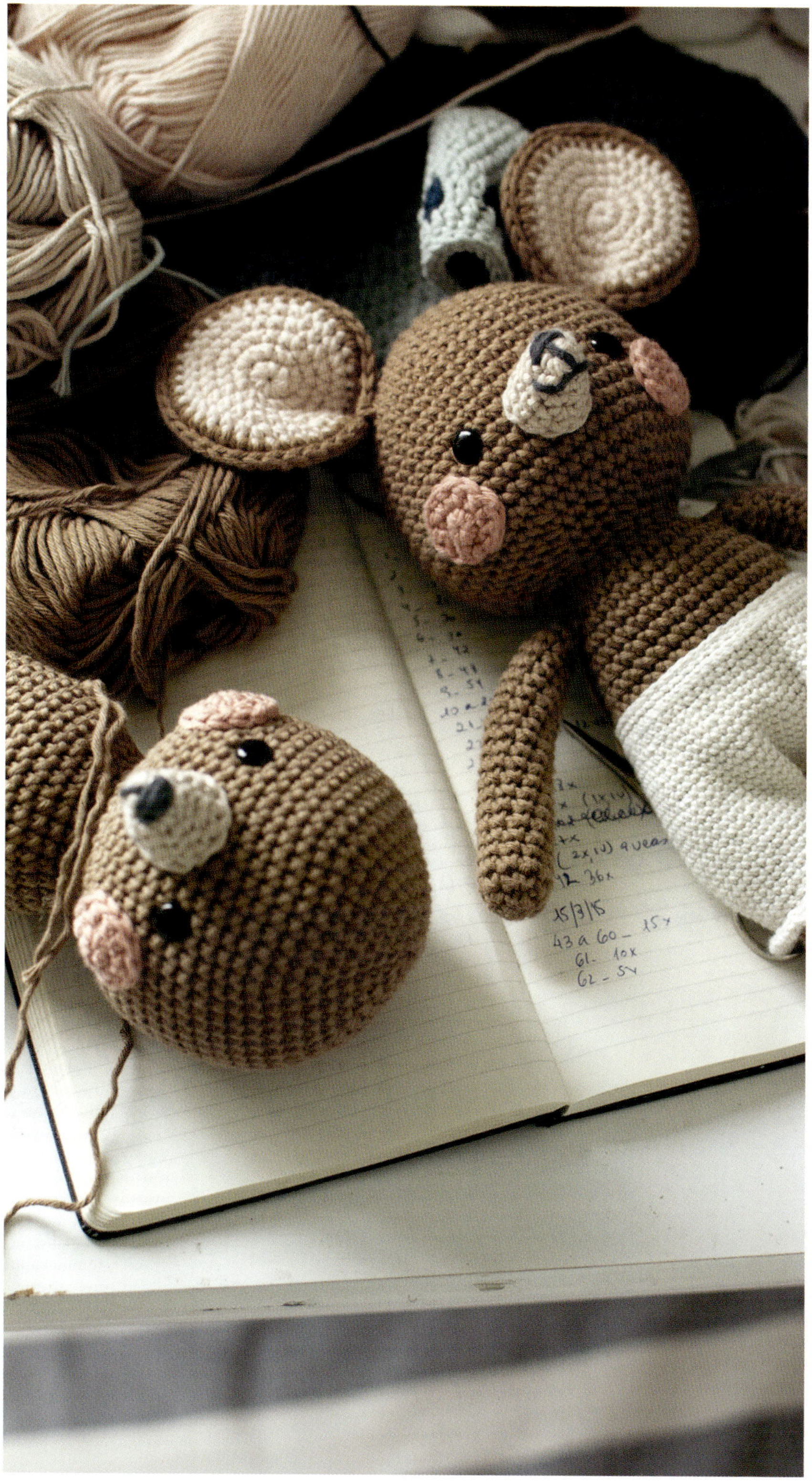
15/3/15
43 a 60 _ 15x
61_ 10x
62 _ 5x

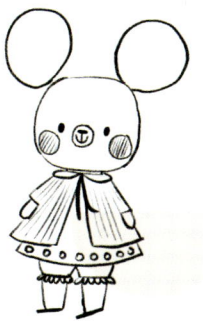

드레스

(파스텔민트색 실로 시작)

사슬뜨기 34, 평면뜨기를 합니다.

1단 코바늘에서 세 번째 코부터 시작, 긴뜨기 32, 사슬뜨기 2, 방향 바꾸기 [32코]

2단 긴뜨기 4, 사슬뜨기 6, 6코 건너뛰기, 긴뜨기 12, 사슬뜨기 6, 6코 건너뛰기, 긴뜨기 4, 사슬뜨기 2, 방향 바꾸기 [32코]

3단 (긴뜨기 3, 긴뜨기늘리기)×8, 사슬뜨기 2, 방향 바꾸기 [40코]

4단 긴뜨기 40, 사슬뜨기 2, 방향 바꾸기 [40코]

5단 (긴뜨기 4, 긴뜨기늘리기)×8 [48코]

5단의 마지막 코를 첫 코에 긴뜨기로 연결합니다(이 긴뜨기가 다음 단의 첫 코가 됩니다). 이제 드레스의 코들이 원형으로 연결되었습니다. 계속해서 원형뜨기를 합니다.

6단 긴뜨기 48 [48코]

7단 (긴뜨기 5, 긴뜨기늘리기)×8 [56코]

8단 긴뜨기 56 [56코]

9단 (긴뜨기 6, 긴뜨기늘리기)×8 [64코]

10단 긴뜨기 64 [64코]

주의 다음 단은 두 가지 색으로 뜹니다. 긴뜨기는 파스텔민트색, 한길긴뜨기 5코 구슬뜨기는 페트롤블루색으로 뜨세요. 가능하면 태피스트리 기법을 사용하여 페트롤블루색 실을 긴뜨기 코 안에 끼워 넣어 뜹니다.

11단 (긴뜨기 3, 한길긴뜨기 5코 구슬뜨기 1)×16 [64코]

12단 (긴뜨기 7, 긴뜨기늘리기)×8 [72코]

13단 짧은뜨기 72 [72코]

14단 빼뜨기 72 [72코]

마무리를 하고 실 끝을 보이지 않게 정리합니다. 드레스의 겉면을 앞에 놓고, 네크라인 왼쪽의 첫 코에 코바늘을 넣습니다. 파스텔민트색 실 고리 하나를 끌어와서 드레스 윗단을 따라 다음과 같이 빼뜨기를 합니다. 네크라인을 따라 빼뜨기 32, 한쪽 평면뜨기 단의 옆면에 빼뜨기 11, 반대쪽 평면뜨기 단의 옆면에 빼뜨기 10. 단춧구멍을 다음과 같이 만듭니다. 사슬뜨기 5, 다음 코에 빼뜨기 1. 마무리를 하고 실 끝을 보이지 않게 정리합니다.

단추

(페트롤블루색, 원형뜨기)

1단 실고리로 원형코 만들기, 짧은뜨기 5 [5코]
2단 짧은뜨기 5 [5코]
실을 길게 남기고 자른 뒤 마무리를 합니다. 남긴 실을 돗바늘에 꿰어 남은 각 코의 앞고리에 통과시킨 뒤 세게 잡아당겨서 구멍을 막습니다. 단추를 드레스 뒤판의 단춧구멍 반대편에 답니다.

케이프

(흑연색)

사슬뜨기 33, 평면뜨기를 합니다.
1단 코바늘에서 두 번째 코부터 시작, 짧은뜨기 32, 사슬뜨기 2, 방향 바꾸기 [32코]
2단 (긴뜨기 7, 긴뜨기늘리기)×4, 사슬뜨기 2, 방향 바꾸기 [36코]
3단 (긴뜨기 8, 긴뜨기늘리기)×4, 사슬뜨기 2, 방향 바꾸기 [40코]
4단 (긴뜨기 9, 긴뜨기늘리기)×4, 사슬뜨기 2, 방향 바꾸기 [44코]
5단 (긴뜨기 10, 긴뜨기늘리기)×4, 사슬뜨기 2, 방향 바꾸기 [48코]
6단 (긴뜨기 11, 긴뜨기늘리기)×4. 사슬뜨기 2, 방향 바꾸기 [52코]
7단 (긴뜨기 12, 긴뜨기늘리기)×4, 사슬뜨기 2, 방향 바꾸기 [56코]
8단 (긴뜨기 13, 긴뜨기늘리기)×4, 사슬뜨기 2, 방향 바꾸기 [60코]
9단 (긴뜨기 14, 긴뜨기늘리기)×4, 사슬뜨기 2, 방향 바꾸기 [64코]
10단 긴뜨기 4, 사슬뜨기 10, 10코 건너뛰기, 긴뜨기 1, 긴뜨기늘리기, (긴뜨기 15, 긴뜨기늘리기)×2, 긴뜨기 2, 사슬뜨기 10, 10코 건너뛰기, 긴뜨기 3, 긴뜨기늘리기, 사슬뜨기 2, 방향 바꾸기 [68코]
11단 긴뜨기 68, 사슬뜨기 2, 방향 바꾸기 [68코]
12단 (긴뜨기 16, 긴뜨기늘리기)×4, 사슬뜨기 2, 방향 바꾸기 [72코]
13단 긴뜨기 72 [72코]
편물의 방향을 돌리지 않은 상태에서 사슬뜨기 1, 평면뜨기 단의 옆면을 따라 올라가며 짧은뜨기(약 20코), 사슬뜨기 25(케이프 끈용), 코바늘의 두 번째 사슬코부터 시작하여 빼뜨기 24, 기초사슬코가 시작되는 코에 짧은뜨기 1. 계속해서 네크라인에서 다음과 같이 뜹니다. (1코에 긴뜨기 4, 1코 건너뛰기, 빼뜨기 1, 1코 건너뛰기)×7, 1코에 긴뜨기 4, 1코 건너뛰기, 빼뜨기 1, 사슬뜨기 25(반대쪽 케이프 끈용), 코바늘에서 두 번째 사슬코부터 시작하여 빼뜨기 24, 기초사슬코가 시작되는 코에 짧은뜨기 1, 반대쪽의 단의 옆 면을 따라 내려가며 짧은뜨기(대략 20코), 케이프의 13단을 따라 빼뜨기 72. 마무리를 하고 실 끝을 보이지 않게 정리합니다.

북극곰 호라시오

호라시오는 음악가인 부모님 덕분에 아기 곰이었을 때부터 전 세계를 돌아다녔습니다. 처음에는 고향인 북극에서 멀리 떨어지고 싶지 않았어요. 좋아하는 음식과 친한 친구들이 그리웠죠. 하지만 시간이 지나면서 맛있는 음식과 커피를 찾아 먹고 마시는 것이 여행의 일상이 되었고, 현지인들이 잘 가는 식당과 시장을 알아보았습니다. 그리고 아주 놀라운 사실을 깨달았죠. 주변에 음식이 있으면 모두가 즐겁고, 새 친구들을 만들 수 있다는 것이죠. 그렇게 해서 우연히 알게 된 친구들과 돈독한 우정을 쌓았어요. 아침에 커피를 마시지 않으면 생활이 힘든 그에게는 이런 일상이 아주 중요합니다. 호라시오는 지속 가능성과 환경권, 사회적 기본권을 고려하면서 커피 품종과 수확, 준비 방법을 공부합니다. 현재 호라시오는 자기 일을 구실로 삼아 계속 여행을 하면서 새로운 사람들을 만나고 오래된 지인들을 만나고 있어요.

 QR코드를 스캔하면 다양한 피카파우 친구들을 만날 수 있습니다.

주의 머리와 몸통을 하나로 뜹니다.

난이도 ★

키
31cm(제시된 실로 떴을 때, 귀 포함)

재료
- 우스티드 실: 오프화이트색, 네이비블루색, 흰색, 파스텔핑크색 약간, 검은색 약간, 노란색
- 코바늘 C-2(2.75mm)
- 검은색 나사형 인형눈(10mm)
- 돗바늘
- 솜

필요한 기술 실고리로 원형코 만들기(32쪽), 원형단 시작할 때 색깔 바꾸기(35쪽), 연결하기(39쪽), 몸통을 두 부분으로 나누기(47쪽), 그리들 스티치(패턴에서 설명), 자수(38쪽)

주둥이

(오프화이트색, 원형뜨기)

1단 실고리로 원형코 만들기, 짧은뜨기 8 [8코]
2단 (늘리기)×8 [16코]
3-7단 짧은뜨기 16 [16코]
실을 길게 남기고 자른 뒤 마무리를 합니다. 검은색 실로 코와 입을 수놓습니다.

머리와 몸통

(오프화이트색 실로 시작, 원형뜨기)

1단 실고리로 원형코 만들기, 짧은뜨기 6 [6코]
2단 (늘리기)×6 [12코]
3단 (짧은뜨기 1, 늘리기)×6 [18코]
4단 (짧은뜨기 2, 늘리기)×6 [24코]
5단 (짧은뜨기 3, 늘리기)×6 [30코]
6단 (짧은뜨기 4, 늘리기)×6 [36코]
7단 (짧은뜨기 5, 늘리기)×6 [42코]
8단 (짧은뜨기 6, 늘리기)×6 [48코]
9단 (짧은뜨기 7, 늘리기)×6 [54코]
10-23단 짧은뜨기 54 [54코]

주둥이를 13-18단 사이에 꿰매어 붙이는데, 완전히 꿰매기 전에 주둥이에 솜을 채웁니다. 14-15단 사이에 주둥이에서 3코 간격을 두고 나사형 인형눈을 끼웁니다. 파스텔핑크색 실로 뺨(볼)을 수놓습니다.

24단 (짧은뜨기 8, 늘리기)×6 [60코]
계속해서 네이비블루색 1단, 흰색 2단으로 스트라이프 패턴을 뜹니다.
25-27단 짧은뜨기 60 [60코]
28단 (짧은뜨기 9, 늘리기)×6 [66코]
29-33단 짧은뜨기 66 [66코]
34단 (짧은뜨기 10, 늘리기)×6 [72코]
35-42단 짧은뜨기 72 [72코]
파스텔핑크색 실로 바꿉니다.
43단 짧은뜨기 72 [72코]
오프화이트색 실로 바꿉니다.
44단 뒷고리에만 (짧은뜨기 11, 늘리기)×6 [78코]
45-51단 짧은뜨기 78 [78코]
52단 (짧은뜨기 11, 줄이기)×6 [72코]
53-55단 짧은뜨기 72 [72코]
56단 (짧은뜨기 10, 줄이기)×6 [66코]
57-59단 짧은뜨기 66 [66코]
60단 (짧은뜨기 9, 줄이기)×6 [60코]
61-62단 짧은뜨기 60 [60코]
63단 (짧은뜨기 8, 줄이기)×6 [54코]
64단 짧은뜨기 54 [54코]
실을 마무리하지 않습니다.

다리

다리를 만들기 위해 코를 나눕니다. 다리 하나에 21코씩, 두 다리 사이 공간을 위해 앞쪽에 6코, 뒤쪽에 6코로 나눕니다(이때 스티치마커를 사용하면 편리합니다). 두 다리와 머리가 나란하지 않으면 몸통에서 짧은뜨기를 더 뜨거나 코를 풀어 나란하게 맞춥니다. 뒤쪽 첫 번째 다리에 표시된 코를 앞쪽에 표시된 코와 짧은뜨기로 연결합니다(이 짧은뜨기는 다리의 첫 번째 코가 됩니다). 이제 첫 번째 다리의 코들이 원형으로 연결되었습니다. 계속해서 첫 번째 다리를 뜹니다.

65-72단 짧은뜨기 21 [21코]

몸통과 다리에 솜을 탄탄하게 채웁니다.

73단 (짧은뜨기 1, 줄이기)×7 [14코]

74단 (줄이기)×7 [7코]

실을 길게 남기고 자른 뒤 마무리를 합니다. 남긴 실을 돗바늘에 꿰어 남은 각 코의 앞고리에 통과시킨 뒤, 세게 잡아당겨서 구멍을 막습니다. 실 끝을 보이지 않게 정리합니다. 몸통과 첫 번째 다리에 솜을 채웁니다.

두 번째 다리

64단의 뒤쪽에서 뜨지 않은 일곱 번째 코에 오프화이트색 실을 다시 연결합니다. 여기에서 두 번째 다리의 첫 번째 코를 시작합니다. 시작하는 실을 길게 남깁니다.

65단 짧은뜨기 21, 스물한 번째 코에 이르면 첫 번째 코에서 짧은뜨기를 하여 원형으로 연결합니다 [21코]

66-74단 첫 번째 다리와 같은 방식으로 뜹니다.

두 번째 다리에 솜을 탄탄하게 채우고 필요하면 몸통에도 솜을 더 채웁니다. 시작하며 남긴 실을 돗바늘에 꿰어 두 다리 사이의 6코를 꿰매어 막습니다.

팔

(2개, 오프화이트색 실로 시작, 원형뜨기)

1단 실고리로 원형코 만들기, 짧은뜨기 5 [5코]

2단 (늘리기)×5 [10코]

3단 (짧은뜨기 1, 늘리기)×5 [15코]

4-5단 짧은뜨기 15 [15코]

6단 짧은뜨기 1, 한길긴뜨기 5코 구슬뜨기 1, 짧은뜨기 13 [15코]

7-18단 짧은뜨기 15 [15코]

네이비블루색 실로 바꾸고 계속해서 네이비블루색 1단, 흰색 2단으로 번갈아가며 스트라이프 패턴을 뜹니다.

19-23단 짧은뜨기 15 [15코]

24단 (짧은뜨기 1, 줄이기)×5 [10코]

실을 길게 남기고 자른 뒤 마무리를 합니다. 팔에 솜을 채웁니다. 두 팔을 몸통의 양옆 26-27단 사이에 꿰매어 붙입니다.

귀

(2개, 오프화이트색, 원형뜨기)

1단 실고리로 원형코 만들기, 짧은뜨기 5 [5코]

2단 (늘리기)×5 [10코]

3-5단 짧은뜨기 10 [10코]

실을 길게 남기고 자른 뒤 마무리를 합니다. 귀에는 솜을 채우지 않아도 됩니다. 귀를 편평하게 편 뒤, 정수리 3-8단 사이에 꿰매어 붙입니다.

꼬리

(오프화이트색, 원형뜨기)

1단 실고리로 원형코 만들기, 짧은뜨기 5 [5코]

2-4단 짧은뜨기 5 [5코]

실을 길게 남기고 자른 뒤 마무리를 합니다. 꼬리에는 솜을 채우지 않아요. 꼬리를 몸통 뒤쪽 50-51단 사이에 꿰매어 붙입니다.

바지

(노란색 실로 시작)

사슬뜨기 72, 너무 쫀쫀하게 뜨지 않도록 하고 코가 꼬이지 않도록 주의합니다. 코바늘을 첫 번째 사슬코에 넣어 빼뜨기를 하여 기초사슬코를 연결합니다. 계속해서 나선형뜨기를 합니다.

주의 바지는 짧은뜨기 1코와 한길긴뜨기 1코를 번갈아 뜨는 그리들 스티치로 만듭니다. 다음 단을 시작할 때, 이전 단의 짧은뜨기에 한길긴뜨기를, 한길긴뜨기에 짧은뜨기를 뜬다는 점을 꼭 기억하세요.

1단 (짧은뜨기 1, 한길긴뜨기 1)를 단의 끝까지 반복합니다 [72코]

흰색 실로 바꿉니다.

2단 (한길긴뜨기 1, 짧은뜨기 1)를 단의 끝까지 반복합니다 [72코]
노란색 실로 바꿉니다.

3-17단 (색깔 바꾸기를 포함하여) 1-2단을 반복합니다.
실을 마무리하지 않습니다.

바지 다리

바지 다리를 만들기 위해 코를 나눕니다. 다리 하나에 30코씩, 두 다리 사이 앞쪽 가운데 공간을 위해 6코, 뒤쪽에 6코로 나눕니다(이때 스티치마커를 사용하면 편리합니다). 뒤쪽 다리에 표시된 첫 코를 앞쪽에 표시된 코와 짧은뜨기로 연결합니다(이 짧은뜨기는 바지 다리의 첫 번째 코가 됩니다). 이제 첫 번째 바지 다리의 코들이 원형으로 연결되었습니다. 계속해서 첫 번째 바지 다리를 뜹니다.

주의 바지를 나누는 위치에 따라 첫 코가 짧은뜨기가 될 수도 있고 한길긴뜨기가 될 수도 있습니다. 완성 결과에는 차이가 없어요.

18단 그리들 스티치 30 [30코]
노란색 실로 바꿉니다.
19단 (짧은뜨기 4, 줄이기)×5 [25코]
20단 짧은뜨기 25 [25코]
21단 빼뜨기 25 [25코]
실을 자르고 마무리를 한 뒤, 실 끝을 보이지 않게 정리합니다.

두 번째 바지 다리

17단의 뒤쪽에서 뜨지 않은 일곱 번째 코에 흰색 실을 다시 연결합니다. 여기에서 두 번째 바지 다리의 첫 번째 코를 시작합니다. 시작하는 실을 길게 남깁니다.

18-21단 첫 번째 바지 다리와 같은 방식으로 뜹니다.
실을 자르고 마무리를 한 뒤, 실 끝을 보이지 않게 정리합니다. 시작하며 남긴 실을 돗바늘에 꿰어 두 다리 사이의 6코를 꿰매어 막습니다.

허리밴드

(파스텔핑크색)

바지 1단의 첫 코에 파스텔핑크색 실을 연결합니다.

1-2단 짧은뜨기 72 [72코]
3단 뒷고리에만 빼뜨기 72 [72코]
실을 자르고 마무리를 한 뒤, 실 끝을 보이지 않게 정리합니다.

어깨끈

(2개, 노란색 실로 시작)

사슬뜨기 49, 평면뜨기를 합니다.
1단 코바늘에서 두 번째 코부터 시작, 빼뜨기 48, 사슬뜨기 1, 방향 바꾸기 [48코]
흰색 실로 바꿉니다.
2-3단 뒷고리에만 빼뜨기 48, 사슬뜨기 1, 방향 바꾸기 [48코]
노란색 실로 바꿉니다.
4단 뒷고리에만 빼뜨기 48, 사슬뜨기 1, 방향 바꾸기 [48코]
5단 뒷고리에만 빼뜨기 48 [48코]
실을 길게 남기고 자른 뒤 마무리를 합니다. 어깨끈의 한쪽 끝을 바지 앞판, 파스텔핑크색 허리밴드 안쪽에 꿰매어 붙입니다. 어깨끈의 다른 쪽 끝을 바지 뒤판, 앞쪽 끝에서 15코 떨어진 곳에 꿰매어 붙입니다.

너구리판다 론

론은 수다쟁이입니다. 아무 말이나 재잘대죠. 정말로 생각나는 대로 다 말합니다. 호기심이 많아서 책도 많이 읽어요. 온종일 가리지 않고 모두 읽는데, 특히 우스꽝스러운 사실들이 담긴 책이나 거의 아무도 읽지 않을 책을 좋아합니다. 그리고 그렇게 읽은 내용들을 정말 사소한 것들까지 모두 기억합니다. 또 물건 고치는 것도 잘합니다. 아주 사소한 것들까지 다 기억할 수 있기 때문에 다른 사람들은 포기한 물건들, 이를테면 계속 물이 똑똑 떨어지는 수도꼭지나 소리가 나는 옷장 문 같은 것들을 고칠 수 있어요. 특히 아침 6시에 다른 식구들을 깨우지 않으려고 옷장을 살짝 열었는데 문에서 끼익 소리를 내면 정말 짜증 나죠. 그래요. 론은 너구리판다 중에서 손재주가 가장 뛰어난 최고의 수다쟁이인 것 같아요.

 QR코드를 스캔하면 다양한 피카파우 친구들을 만날 수 있습니다.

주의 머리와 몸통을 하나로 뜹니다.
주의 별도의 설명이 없으면 C-2(2.75mm) 코바늘로 뜹니다.

난이도 ☆

키
27cm(제시된 실로 떴을 때, 귀 포함)

재료
- 우스티드 실: 번트오렌지색, 오프화이트색, 벽돌색, 검은색 약간, 파스텔핑크색, 크림색, 흑연색, 노란색 약간
- 코바늘 C-2(2.75mm), E-4(3.5mm)
- 검은색 나사형 인형눈(10mm)
- 돗바늘
- 솜

필요한 기술 실고리로 원형코 만들기(32쪽), 기초사슬코로 타원형 뜨기(34쪽), 원형단 시작할 때 색깔 바꾸기(35쪽), 단 중간에 색깔 바꾸기(35쪽), 긴뜨기빼뜨기(26쪽), 연결하기(39쪽), 몸통을 두 부분으로 나누기(47쪽), 자수(38쪽)

뺨(볼)

(2개, 파스텔핑크색, 원형뜨기)
1단 실고리로 원형코 만들기, 짧은뜨기 6 [6코]
첫 코에 빼뜨기, 실을 길게 남기고 자른 뒤 마무리를 합니다.

주둥이

(오프화이트색)
사슬뜨기 6, 기초사슬코의 양쪽에 타원형 뜨기를 합니다.
1단 코바늘에서 두 번째 코부터 시작, 짧은뜨기 4, 마지막 코에 짧은뜨기 3, 계속해서 기초사슬코의 맞은편에 뜹니다. 짧은뜨기 3, 늘리기 [12코]
2단 늘리기, 짧은뜨기 3, (늘리기)×3, 짧은뜨기 3, (늘리기)×2 [18코]
3-4단 짧은뜨기 18 [18코]
실을 길게 남기고 자른 뒤 마무리를 합니다.
검은색 실로 입과 코를 수놓습니다.

머리와 몸통

(번트오렌지색 실로 시작, 원형뜨기)
1단 실고리로 원형코 만들기, 짧은뜨기 6 [6코]
2단 (늘리기)×6 [12코]
3단 (짧은뜨기 1, 늘리기)×6 [18코]
4단 (짧은뜨기 1, 늘리기)×9 [27코]
5단 (짧은뜨기 2, 늘리기)×9 [36코]
6단 (짧은뜨기 3, 늘리기)×9 [45코]
7단 (짧은뜨기 4, 늘리기)×9 [54코]
8단 (짧은뜨기 8, 늘리기)×6 [60코]
9-11단 짧은뜨기 60 [60코]

계속해서 번트오렌지색과 오프화이트색 실을 번갈아 사용하여 뜹니다. 각 부분이 시작되기 전에 색깔이 제시되어 있어요.

12단 (번트오렌지) (짧은뜨기 9, 늘리기)×2, 짧은뜨기 2, (오프화이트) 짧은뜨기 4, (번트오렌지) 짧은뜨기 3, 늘리기, 짧은뜨기 5, (오프화이트) 짧은뜨기 4, (번트오렌지) 늘리기, (짧은뜨기 9, 늘리기)×2 [66코]
13단 (번트오렌지) 짧은뜨기 22, (오프화이트) 짧은뜨기 7, (번트오렌지) 짧은뜨기 8, (오프화이트) 짧은뜨기 7, (번트오렌지) 짧은뜨기 22 [66코]
14단 (번트오렌지) 짧은뜨기 21, (오프화이트) 짧은뜨기 7, (번트오렌지) 짧은뜨기 10, (오프화이트) 짧은뜨기 7, (번트오렌지) 짧은뜨기 21 [66코]
15-16단 (번트오렌지) 짧은뜨기 20, (오프화이트) 짧은뜨기 3,

(번트오렌지) 짧은뜨기 20, (오프화이트) 짧은뜨기 3, (번트오렌지) 짧은뜨기 20 [66코]

17단 (번트오렌지) 짧은뜨기 19, (오프화이트) 짧은뜨기 4, (번트오렌지) 짧은뜨기 20, (오프화이트) 짧은뜨기 4, (번트오렌지) 짧은뜨기 19 [66코]

18단 (번트오렌지) 짧은뜨기 18, (오프화이트) 짧은뜨기 4, (번트오렌지) 짧은뜨기 22, (오프화이트) 짧은뜨기 4, (번트오렌지) 짧은뜨기 18 [66코]

19-20단 (번트오렌지) 짧은뜨기 17, (오프화이트) 짧은뜨기 5, (번트오렌지) 짧은뜨기 22, (오프화이트) 짧은뜨기 5, (번트오렌지) 짧은뜨기 17 [66코]

21단 (번트오렌지) 짧은뜨기 17, (오프화이트) 짧은뜨기 6, (번트오렌지) 짧은뜨기 20, (오프화이트) 짧은뜨기 6, (번트오렌지) 짧은뜨기 17 [66코]

22단 (번트오렌지) 짧은뜨기 18, (오프화이트) 짧은뜨기 6, (번트오렌지) 짧은뜨기 18, (오프화이트) 짧은뜨기 6, (번트오렌지) 짧은뜨기 18 [66코]

23단 (번트오렌지) 짧은뜨기 9, 줄이기, 짧은뜨기 8, (오프화이트) 짧은뜨기 1, 줄이기, 짧은뜨기 3, (번트오렌지) 짧은뜨기 6, 줄이기, 짧은뜨기 8, (오프화이트) 짧은뜨기 1, 줄이기, 짧은뜨기 3, (번트오렌지) 짧은뜨기 6, 줄이기, 짧은뜨기 9, 줄이기 [60코]

24단 (번트오렌지) (짧은뜨기 3, 줄이기)×3, 짧은뜨기 3, (오프화이트) 줄이기, 짧은뜨기 3, 줄이기, 짧은뜨기 3, (번트오렌지) (짧은뜨기 3, 줄이기)×2, 짧은뜨기 2, (오프화이트) 짧은뜨기 1, 줄이기, 짧은뜨기 3, (번트오렌지) 줄이기, (짧은뜨기 3, 줄이기)×3 [48코]

계속해서 번트 오렌지색 실로 뜹니다.

25단 (짧은뜨기 2, 줄이기)×12 [36코]

주둥이를 15-20단 사이에 꿰매어 붙입니다. 완전히 꿰매기 전에 주둥이에 솜을 채워야 합니다. 16-17단 사이, 주둥이에서 3코 간격을 두고 나사형 인형눈을 끼웁니다. 뺨(볼)을 인형눈 아래에 꿰매어 붙입니다.

26단 (짧은뜨기 4, 줄이기)×6 [30코]

27단 (짧은뜨기 3, 줄이기)×6 [24코]

28단 짧은뜨기 24 [24코]

머리에 솜을 탄탄하게 채웁니다.

29단 (짧은뜨기 2, 늘리기)×8 [32코]

30단 짧은뜨기 32 [32코]

31단 (짧은뜨기 3, 늘리기)×8 [40코]

32-34단 짧은뜨기 40 [40코]

35단 (짧은뜨기 9, 늘리기)×4 [44코]

36-39단 짧은뜨기 44 [44코]

40단 (짧은뜨기 10, 늘리기)×4 [48코]

41-49단 짧은뜨기 48 [48코]

50단 (짧은뜨기 6, 줄이기)×6 [42코]

51-53단 짧은뜨기 42 [42코]

벽돌색 실로 바꿉니다.

54단 짧은뜨기 42 [42코]

실을 마무리하지 않습니다.

다리

다리를 만들기 위해 코를 나눕니다. 다리 하나에 18코씩, 두 다리 사이 공간을 위해 앞쪽에 3코, 뒤쪽에 3코로 나눕니다(이때 스티치마커를 사용하면 편리합니다). 두 다리와 머리가 나란하지 않으면 몸통에서 짧은뜨기를 더 뜨거나 코를 풀어 나란하게 맞춥니다. 뒤쪽 다리에 표시된 첫 코를 앞쪽에 표시된 코와 짧은뜨기로 연결합니다(이 짧은뜨기는 다리의 첫 번째 코가 됩니다). 이제 첫 번째 다리의 코들이 원형으로 연결되었습니다. 계속해서 첫 번째 다리를 뜹니다.

55-62단 짧은뜨기 18 [18코]

몸통과 다리에 솜을 탄탄하게 채웁니다.

63단 (짧은뜨기 1, 줄이기)×6 [12코]

64단 (줄이기)×6 [6코]

실을 길게 남기고 자른 뒤 마무리를 합니다. 남긴 실을 돗바늘에 꿰어 남은 각 코의 앞고리에 통과시킨 뒤, 세게 잡아당겨서 구멍을 막습니다. 실 끝을 보이지 않게 정리합니다.

두 번째 다리

54단의 뒤쪽에서 뜨지 않은 네 번째 코에 벽돌색 실을 다시 연결합니다. 여기에서 두 번째 다리의 첫 번째 코를 시작합니다. 시작하는 실을 길게 남깁니다.

55단 짧은뜨기 18, 열여덟 번째 코에 이르면 첫 번째 코에서 짧은뜨기를 하여 원형으로 연결합니다 [18코]

56-64단 첫 번째 다리와 같은 방식으로 뜹니다.

두 번째 다리에 솜을 탄탄하게 채우고 필요하면 몸통에도 솜을 더 채웁니다. 시작하며 남긴 실을 돗바늘에 꿰어 두 다리 사이의 3코를 꿰매어 막습니다.

팔

(2개, 벽돌색 실로 시작, 원형뜨기)

1단 실고리로 원형코 만들기, 짧은뜨기 6 [6코]

2단 (늘리기)×6 [12코]

3-4단 짧은뜨기 12 [12코]

5단 짧은뜨기 1, 한길긴뜨기 5코 구슬뜨기 1, 짧은뜨기 10 [12코]
6단 짧은뜨기 12 [12코]
번트오렌지색 실로 바꿉니다.
7-17단 짧은뜨기 12 [12코]
18단 (짧은뜨기 4, 줄이기)×2 [10코]
실을 길게 남기고 자른 뒤 마무리를 합니다. 팔에 솜을 채웁니다.
두 팔을 몸통의 양옆 30-31단 사이에 꿰매어 붙입니다.

귀

(2개, 오프화이트색 실로 시작, 원형뜨기)
1단 실고리로 원형코 만들기, 짧은뜨기 6 [6코]
계속해서 오프화이트색과 벽돌색 실을 번갈아 사용하여 뜹니다. 각 부분이 시작되기 전에 색깔이 제시되어 있어요.
2단 (오프화이트) 늘리기)×3, (벽돌색) (늘리기)×3 [12코]
3단 (오프화이트) 짧은뜨기 6, (벽돌색) 짧은뜨기 6 [12코]
4단 (오프화이트) (짧은뜨기 1, 늘리기)×3, (벽돌색) (짧은뜨기 1, 늘리기)×3 [18코]
5단 (오프화이트) 짧은뜨기 9, (벽돌색) 짧은뜨기 9 [18코]
6단 (오프화이트) (짧은뜨기 2, 늘리기)×3, (벽돌색) (짧은뜨기 2, 늘리기)×3 [24코]
7-8단 (오프화이트) 짧은뜨기 12, (벽돌색) 짧은뜨기 12 [24코]
실을 길게 남기고 자른 뒤 마무리를 합니다. 귀에는 솜을 채우지 않아도 됩니다. 귀의 흰색 부분에 번트오렌지색 실로 줄무늬를 수놓습니다. 귀를 편평하게 편 뒤 머리에 꿰매어 붙입니다.

꼬리

(벽돌색 실로 시작, 원형뜨기)
1단 실고리로 원형코 만들기, 짧은뜨기 6 [6코]
2단 (늘리기)×6 [12코]
3단 (짧은뜨기 1, 늘리기)×6 [18코]
4단 (짧은뜨기 2, 늘리기)×6 [24코]
5단 (짧은뜨기 3, 늘리기)×6 [30코]
6-7단 짧은뜨기 30 [30코]
벽돌색 실로 바꿉니다. 계속해서 번트오렌지색 3단, 벽돌색 3단을 번갈아가며 스트라이프 패턴을 뜹니다. 뜨면서 꼬리에 솜을 채워 넣습니다.

8-28단 짧은뜨기 30 [30코]
29단 (짧은뜨기 8, 줄이기)×3 [27코]
30-34단 짧은뜨기 27 [27코]
35단 (짧은뜨기 7, 줄이기)×3 [24코]
36-37단 짧은뜨기 24 [24코]
38단 (짧은뜨기 6, 줄이기)×3 [21코]
39-40단 짧은뜨기 21 [21코]
실을 길게 남기고 자른 뒤 마무리를 합니다. 솜을 채우는데, 끝에는 조금만 채웁니다. 꼬리를 몸통 뒤쪽 46-49단 사이에 꿰매어 붙입니다.

바지

(크림색 실로 시작)
사슬뜨기 52, 사슬코가 꼬이지 않도록 주의합니다.
코바늘을 첫 번째 사슬코에 넣어 빼뜨기를 하여 기초사슬코를 연결합니다. 계속해서 나선형뜨기를 합니다.
1단 짧은뜨기 52 [52코]
흑연색 실로 바꿉니다.
2단 (짧은뜨기 12, 늘리기)×4 [56코]
계속해서 크림색 2단, 흑연색 1단으로 번갈아가며 스트라이프 패턴을 뜹니다.
3-7단 짧은뜨기 56 [56코]
8단 짧은뜨기 1, 사슬뜨기 10, 10코 건너뛰기, 짧은뜨기 45 [56코]
9-14단 짧은뜨기 56 [56코]
실을 마무리하지 않습니다.

바지 다리

바지 다리를 만들기 위해 코를 나눕니다. 다리 하나에 24코씩, 두 다리 사이 가운데 공간을 위해 4코, 뒤쪽에 4코로 나눕니다 (이때 스티치마커를 사용하면 편리합니다). 8단의 꼬리 구멍이 뒤쪽 가운데에 있는지 확인합니다. 뒤쪽 다리에 표시된 첫 코를 앞쪽에 표시된 코와 짧은뜨기로 연결합니다
(이 짧은뜨기는 바지 다리의 첫 번째 코가 됩니다). 이제 첫 번째 바지 다리의 코들이 원형으로 연결되었습니다.
15-17단 짧은뜨기 24 [24코]

시작하며 남긴 실을 돗바늘에 꿰어 두 다리 사이의 4코를 꿰매어 막습니다.

허리밴드

(노란색)

1단의 첫 코에 노란색 실을 연결합니다.

1-2단   짧은뜨기 52 [52코]

3단   빼뜨기 52 [52코]

마무리를 한 뒤 실 끝을 보이지 않게 정리합니다.

머플러

(벽돌색, 3.5㎜ 코바늘 사용)

사슬뜨기 108, 평면뜨기를 합니다.

1단   코바늘에서 세 번째 코부터 시작, 긴뜨기빼뜨기 106, 사슬뜨기 1, 방향 바꾸기 [106코]

2-8단   뒷고리에만 긴뜨기빼뜨기 106, 사슬뜨기 1, 방향 바꾸기 [106코]

마무리를 하고 실 끝을 보이지 않게 정리합니다.

파스텔핑크색 실로 지름 5㎝의 폼폼 2개를 만듭니다. 폼폼을 머플러의 양 끝에 하나씩 꿰매어 붙입니다.

계속해서 흑연색 실로 뜹니다.

18단   뒷고리에만 빼뜨기 24 [24코]

실을 자르고 마무리를 한 뒤, 실 끝을 보이지 않게 정리합니다.

바지 두 번째 다리

14단의 뒤쪽에서 뜨지 않은 다섯 번째 코에 크림색 실을 다시 연결합니다. 여기에서 두 번째 바지 다리의 첫 번째 코를 시작합니다. 시작하는 실을 길게 남깁니다.

15단   짧은뜨기 24, 스물네 번째 코에 이르면 첫 번째 코에서 짧은뜨기를 하여 원형으로 연결합니다 [24코]

16-18단   첫 번째 바지 다리와 같은 방식으로 뜹니다.

다람쥐 앵거스

자랑스러운 스코틀랜드 출신으로 아침 식사를 너무 좋아하는 앵거스는 온종일 기분이 좋으려면 패스트리와 과일, 토스트, 차 등으로 '아점'을 꼭 먹어야 한다고 생각합니다. 앵거스는 '편하게, 음식을 많이 먹으며 닥친 일들을 즐겨라'는 호빗족의 인생 철학을 추종합니다. 앵거스는 직접 식품점을 열었어요. 가장 신선하고 좋은 농산물을 빠르게 구입할 수 있는 최적의 매장이죠. 신선한 농산물을 잘 고르는 앵거스는 판매하는 모든 것을 먹어보려고 하는 독특한 습관이 있어요. 앵거스의 식품점은 마을에서 가장 놀랍고 다채로운 가게입니다.

 QR코드를 스캔하면 다양한 피카파우 친구들을 만날 수 있습니다.

주의 머리와 몸통을 하나로 뜹니다.

난이도 *

키
25cm(제시된 실로 떴을 때, 귀 포함)

재료
- 우스티드 실:
  머스터드옐로색,
  오프화이트색, 흰색,
  네이비블루색, 갈색 약간,
  검은색 약간
- 코바늘 C-2(2.75mm)
- 검은색 나사형 인형눈(10mm)
- 돗바늘
- 솜

필요한 기술 실고리로 원형코 만들기(32쪽), 원형단 시작할 때 색깔 바꾸기(35쪽), 단 중간에 색깔 바꾸기(35쪽), 몸통을 두 부분으로 나누기(47쪽), 연결하기(39쪽), 자수(38쪽)

주둥이

(오프화이트색 실로 시작, 원형뜨기)

1단 실고리로 원형코 만들기, 짧은뜨기 6 [6코]
계속해서 오프화이트색과 머스터드옐로색 실을 번갈아 사용하여 뜹니다. 각 부분이 시작되기 전에 색깔이 제시되어 있습니다.
2단 (오프화이트) (늘리기)×3, (머스터드옐로) (늘리기)×2, (오프화이트) 늘리기 [12코]
3단 (오프화이트) (짧은뜨기 1, 늘리기)×3, (머스터드옐로) (짧은뜨기 1, 늘리기)×2, (오프화이트) 짧은뜨기 1, 늘리기 [18코]
4단 (오프화이트) 짧은뜨기 9, (머스터드옐로) 짧은뜨기 6, (오프화이트) 짧은뜨기 3 [18코]
짧은뜨기 2(입을 수놓을 공간), 실을 길게 남기고 자른 뒤 마무리를 합니다. 검은색 실로 코와 입을 수놓습니다.

머리와 몸통

(머스터드옐로색 실로 시작, 원형뜨기)

1단 실고리로 원형코 만들기, 짧은뜨기 6 [6코]
2단 (늘리기)×6 [12코]
3단 (짧은뜨기 1, 늘리기)×6 [18코]
4단 (짧은뜨기 2, 늘리기)×6 [24코]
5단 (짧은뜨기 3, 늘리기)×6 [30코]
6단 (짧은뜨기 4, 늘리기)×6 [36코]
7단 (짧은뜨기 5, 늘리기)×6 [42코]
8단 (짧은뜨기 6, 늘리기)×6 [48코]
9-14단 짧은뜨기 48 [48코]
오프화이트색 실로 바꿉니다.
15단 (짧은뜨기 3, 늘리기)×12 [60코]
16단 (짧은뜨기 4, 늘리기)×12 [72코]
17-18단 짧은뜨기 72 [72코]
19단 (짧은뜨기 2, 줄이기)×18 [54코]
20단 (짧은뜨기 7, 줄이기)×6 [48코]
21단 (짧은뜨기 2, 줄이기)×12 [36코]

주둥이를 13-18단 사이에 꿰매어 붙이는데, 원형단이 시작하는 곳의 반대편에 놓아야 합니다. 완전히 꿰매기 전에 주둥이에 솜을 채웁니다. 14-15단 사이에 주둥이에서 2코 간격을 두고 나사형 인형눈을 끼웁니다. 갈색 실로 눈 옆에 2줄, 이마에 짧은 선을 수놓습니다.

22단 (짧은뜨기 4, 줄이기)×6 [30코]
23단 (짧은뜨기 1, 줄이기)×10 [20코]
24단 짧은뜨기 20 [20코]

머리에 솜을 탄탄하게 채웁니다. 계속해서 네이비블루색과 흰색 실로 단마다 번갈아가며 스트라이프 패턴을 뜹니다.

25단 (짧은뜨기 1, 늘리기)×10 [30코]
26단 짧은뜨기 30 [30코]
27단 (짧은뜨기 4, 늘리기)×6 [36코]
28-30단 짧은뜨기 36 [36코]
31단 (짧은뜨기 8, 늘리기)×4 [40코]
32-36단 짧은뜨기 40 [40코]

머스터드옐로색 실로 바꿉니다.

37단 뒷고리에만 (짧은뜨기 9, 늘리기)×4 [44코]
38-50단 짧은뜨기 44 [44코]
51단 (짧은뜨기 9, 줄이기)×4 [40코]
52-54단 짧은뜨기 40 [40코]

실을 마무리하지 않습니다.

다리

다리를 만들기 위해 코를 나눕니다. 다리 하나에 16코씩, 두 다리 사이 공간을 위해 앞쪽에 4코, 뒤쪽에 4코로 나눕니다(이때 스티치마커를 사용하면 편리합니다). 두 다리와 머리가 나란하지 않으면 몸통에서 짧은뜨기를 더 뜨거나 코를 풀어 나란하게 맞춥니다. 뒤쪽 다리에 표시된 첫 코를 앞쪽에 표시된 코와 짧은뜨기로 연결합니다(이 짧은뜨기는 다리의 첫 번째 코가 됩니다). 이제 첫 번째 다리의 코들이 원형으로 연결되었습니다. 계속해서 첫 번째 다리를 뜹니다.

55-59단 짧은뜨기 16 [16코]

몸통과 다리에 솜을 탄탄하게 채웁니다.

60단 (짧은뜨기 2, 줄이기)×4 [12코]

61단 (줄이기)×6 [6코]

실을 길게 남기고 자른 뒤 마무리를 합니다. 남긴 실을 돗바늘에 꿰어 남은 각 코의 앞고리에 통과시킨 뒤, 세게 잡아당겨서 구멍을 막습니다. 실 끝을 보이지 않게 정리합니다.

두 번째 다리

54단의 뒤쪽에서 뜨지 않은 다섯 번째 코에 머스터드옐로색 실을 다시 연결합니다. 여기에서 두 번째 다리의 첫 번째 코를 시작합니다. 시작하는 실을 길게 남깁니다.

55단 짧은뜨기 16, 열여섯 번째 코에 이르면 첫 번째 코에서 짧은뜨기를 하여 원형으로 연결합니다 [16코]

56-61단 첫 번째 다리와 같은 방식으로 뜹니다.

두 번째 다리에 솜을 탄탄하게 채우고 필요하면 몸통에도 솜을 더 채웁니다. 시작하며 남긴 실을 돗바늘에 꿰어 두 다리 사이의 4코를 꿰매어 막습니다.

팔

(2개, 머스터드옐로색 실로 시작, 원형뜨기)

1단 실고리로 원형코 만들기, 짧은뜨기 5 [5코]

2단 (늘리기)×5 [10코]

3-9단 짧은뜨기 10 [10코]

계속해서 흰색과 네이비블루색 실로 단마다 색깔을 바꾸어 번갈아가며 스트라이프 패턴을 뜹니다.

10-17단 짧은뜨기 10 [10코]

18단 (짧은뜨기 3, 줄이기)×2 [8코]

실을 길게 남기고 자른 뒤 마무리를 합니다. 팔에 솜을 채웁니다. 두 팔을 몸통의 양옆 26-27단 사이에 꿰매어 붙입니다.

귀

(2개, 머스터드옐로색, 원형뜨기)

1단 실고리로 원형코 만들기, 짧은뜨기 6 [6코]

2단 (늘리기)×6 [12코]

3-5단 짧은뜨기 12 [12코]

실을 길게 남기고 자른 뒤 마무리를 합니다. 귀에는 솜을 채우지 않아도 됩니다. 오프화이트색 실로 귀 안쪽에 줄무늬를 수놓습니다. 귀를 편평하게 편 뒤 머리에 꿰매어 붙입니다.

꼬리

(머스터드옐로색, 원형뜨기)
꼬리는 윗부분에서 시작하여 꼬리의 끝과 밑 부분으로 나누어 뜹니다.

1단 실고리로 원형코 만들기, 짧은뜨기 6 [6코]
2단 (늘리기)×6 [12코]
3단 (짧은뜨기 1, 늘리기)×6 [18코]
4단 (짧은뜨기 2, 늘리기)×6 [24코]
5단 (짧은뜨기 3, 늘리기)×6 [30코]
6단 (짧은뜨기 4, 늘리기)×6 [36코]
7단 (짧은뜨기 5, 늘리기)×6 [42코]
8단 (짧은뜨기 6, 늘리기)×6 [48코]
9-12단 짧은뜨기 48 [48코]

실을 마무리하지 않습니다. 계속해서 꼬리 끝을 뜹니다.

꼬리 끝

사슬뜨기 12, 26코 건너뛰기, 12단의 스물일곱 번째 코에 짧은뜨기를 떠서 연결합니다. 꼬리 끝은 윗부분 코 중 22코와 기초사슬코 12코로 뜹니다. 계속해서 꼬리 끝을 뜹니다.

1단 짧은뜨기 34(윗부분의 22, 기초사슬코 12) [34코]
2단 (줄이기, 짧은뜨기 8)×2, (줄이기, 짧은뜨기 5)×2 [30코]
3단 짧은뜨기 30, [30코]
4단 (짧은뜨기 3, 줄이기)×6 [24코]
5단 (짧은뜨기 2, 줄이기)×6 [18코]
6단 (짧은뜨기 1, 줄이기)×6 [12코]
7단 (줄이기)×6 [6코]

실을 길게 남기고 자른 뒤 마무리를 합니다. 남긴 실을 돗바늘에 꿰어 남은 각 코의 앞고리에 통과시킨 뒤 세게 잡아당겨서 구멍을 막습니다. 실 끝을 보이지 않게 정리합니다.

꼬리 밑부분

12단에서 꼬리 끝 왼쪽의 첫 코에 머스터드옐로색 실을 다시 연결합니다.

13단 짧은뜨기 26, 사슬의 앞고리에만 짧은뜨기 12, 첫 코에 짧은뜨기를 하여 원형으로 연결합니다 [38코]
14단 짧은뜨기 26, 줄이기, 짧은뜨기 8, 줄이기 [36코]
15단 짧은뜨기 26, 줄이기, 짧은뜨기 6, 줄이기 [34코]
16단 줄이기, 짧은뜨기 24, 줄이기, 짧은뜨기 6 [32코]
17단 줄이기, 짧은뜨기 22, 줄이기, 짧은뜨기 6 [30코]
18-19단 짧은뜨기 30 [30코]
20단 줄이기, 짧은뜨기 20, 줄이기, 짧은뜨기 6 [28코]
21-22단 짧은뜨기 28 [28코]

꼬리 끝과 윗부분에 솜을 채웁니다.

23단 줄이기, 짧은뜨기 18, 줄이기, 짧은뜨기 6 [26코]
24-25단 짧은뜨기 26 [26코]
26단 줄이기, 짧은뜨기 16, 줄이기, 짧은뜨기 6 [24코]
27-28단 짧은뜨기 24 [24코]
29단 줄이기, 짧은뜨기 14, 줄이기, 짧은뜨기 6 [22코]
30-36단 짧은뜨기 22 [22코]

실을 아주 길게 남기고 자른 뒤 마무리를 합니다. 꼬리의 밑부분에 솜을 채우는데, 뚫린 가장자리에는 너무 많이 채우지 마세요. 뚫린 가장자리를 편평하게 만듭니다. 꼬리를 다음과 같이 몸통 뒤쪽 35-51단 사이에 꿰매어 붙입니다. 먼저 꼬리의 안쪽 가장자리를 50단에 (오른쪽에서 왼쪽으로) 꿰매어 붙인 뒤, 바깥쪽 가장자리를 51단에 (왼쪽에서 오른쪽으로) 꿰매어 붙입니다. 꼬리의 옆면을 몸통에 51단부터 35단까지 올려서 붙이고, 35단에서 오른쪽에서 왼쪽으로 꿰맨 뒤, 다른 쪽 옆면을 35단부터 51단까지 내려오며 꿰매어 붙입니다. 실 끝을 보이지 않게 정리합니다.

펭귄 훔볼트

펭귄 훔볼트의 이름은 현대 역사에서 가장 위대한 탐험가이자 자연지리학자인 프리드리히 빌헬름 하인리히 알렉산더 폰 훔볼트 경에서 따온 것이에요. 대단한 이름이죠? 그래서 그 중요하고 오래된 이름을 기리기 위해 우리의 친애하는 펭귄 훔볼트는 지구상의 모든 바다를 탐험하는 지리학자이자 박물학자가 되기로 결심했어요. 훔볼트의 목표는 폰 훔볼트 2세 경이 되어 미지의 바다를 여행하며 탐험하는 것입니다. 하지만 친구들은 사실 훔볼트의 진짜 바람은 바다를 탐험하며 발견한 온갖 물고기를 먹어보는 것은 아닌지 의심하지요. 동기야 어쨌든 아무도 그의 열정을 의심하지는 않아요. 훔볼트는 대부분의 시간을 수영 기술을 완벽하게 익히고 자연의 삽화를 그리며 보내기 때문이죠. 그리는 것이 대부분 물고기지만 훔볼트는 상당히 그림을 잘 그립니다.

 QR코드를 스캔하면 다양한 피카파우 친구들을 만날 수 있습니다.

주의 별도의 설명이 없으면 C-2(2.75mm) 코바늘로 뜹니다.
주의 머리와 몸통을 하나로 뜹니다.

난이도 ★

키
23cm(제시된 실로 떴을 때)

재료
- 우스티드 실: 페트롤블루색, 오프화이트색, 회녹색, 빨간색, 노란색, 파스텔핑크색 약간
- 코바늘 C-2(2.75mm), E-4(3.5mm)
- 검은색 타원 나사형 인형눈(12mm)
- 돗바늘
- 솜

필요한 기술 실고리로 원형코 만들기(32쪽), 기초사슬코로 타원형 뜨기(34쪽), 단 중간에 색깔 바꾸기(35쪽), 원형단 시작할 때 색깔 바꾸기(35쪽), 몸통을 두 부분으로 나누기(47쪽), 자수(38쪽), 연결하기(39쪽), 사슬코의 뒷산에서 뜨기(20쪽), 긴뜨기빼뜨기(26쪽)

부리

(노란색, 원형뜨기)
1단 실고리로 원형코 만들기, 짧은뜨기 8 [8코]
2단 짧은뜨기 8 [8코]
첫 코에 빼뜨기, 실을 길게 남기고 자른 뒤 마무리를 합니다. 부리에는 솜을 채우지 않아요.

뺨(볼)

(2개, 파스텔핑크색, 원형뜨기)
1단 실고리로 원형코 만들기, 짧은뜨기 8 [8코]
첫 코에 빼뜨기, 실을 길게 남기고 자른 뒤 마무리를 합니다.

머리와 몸통

(페트롤블루색 실로 시작, 원형뜨기)
1단 실고리로 원형코 만들기, 짧은뜨기 6 [6코]
2단 (늘리기)×6 [12코]
3단 (짧은뜨기 1, 늘리기)×6 [18코]
4단 (짧은뜨기 2, 늘리기)×6 [24코]
5단 (짧은뜨기 3, 늘리기)×6 [30코]
6단 (짧은뜨기 4, 늘리기)×6 [36코]
7단 (짧은뜨기 5, 늘리기)×6 [42코]
8단 (짧은뜨기 6, 늘리기)×6 [48코]
9단 짧은뜨기 48 [48코]

계속해서 페트롤블루색과 오프화이트색 실을 번갈아 사용하여 뜹니다. 각 부분이 시작되기 전에 색깔이 제시되어 있어요.

10단 (페트롤블루) 짧은뜨기 16, (오프화이트) 짧은뜨기 4, (페트롤블루) 짧은뜨기 8, (오프화이트) 짧은뜨기 4, (페트롤블루) 짧은뜨기 16 [48코]
11단 (페트롤블루) 짧은뜨기 15, (오프화이트) 짧은뜨기 6, (페트롤블루) 짧은뜨기 6, (오프화이트) 짧은뜨기 6, (페트롤블루) 짧은뜨기 15 [48코]
12-14단 (페트롤블루) 짧은뜨기 14, (오프화이트) 짧은뜨기 8, (페트롤블루) 짧은뜨기 4, (오프화이트) 짧은뜨기 8, (페트롤블루) 짧은뜨기 14 [48코]
15-17단 (페트롤블루) 짧은뜨기 14, (오프화이트) 짧은뜨기 20, (페트롤블루) 짧은뜨기 14 [48코]

계속해서 페트롤블루색 실로 뜹니다.
18단 (짧은뜨기 11, 늘리기)×4 [52코]

부리를 13-15단 사이에 꿰매어 붙입니다. 14-15단 사이에

부리에서 3코 간격을 두고 나사형 인형눈을 끼웁니다. 인형눈 아래에
뺨(볼)을 꿰매어 붙입니다. 계속해서 빨간색 1단, 오프화이트색 2단으로
스트라이프 패턴을 뜹니다.

19-21단 짧은뜨기 52 [52코]
22단 (짧은뜨기 12, 늘리기)×4 [56코]
23-25단 짧은뜨기 56 [56코]
26단 (짧은뜨기 13, 늘리기)×4 [60코]
27-28단 짧은뜨기 60 [60코]
회녹색 실로 바꿉니다.
29단 뒷고리에만 짧은뜨기 60 [60코]
30단 (짧은뜨기 9, 늘리기)×6 [66코]
31-44단 짧은뜨기 66 [66코]
45단 (짧은뜨기 9, 줄이기)×6 [60코]
46-47단 짧은뜨기 60 [60코]
48단 (짧은뜨기 8, 줄이기)×6 [54코]
49-51단 짧은뜨기 54 [54코]
실을 마무리하지 않습니다.

다리

다리를 만들기 위해 코를 나눕니다. 다리 하나에 15코씩, 두 다리 사이
공간을 위해 앞쪽에 12코, 뒤쪽에 12코로 나눕니다(이때 스티치마커를
사용하면 편리합니다). 두 다리와 머리가 나란하지 않으면 몸통에서
짧은뜨기를 더 뜨거나 코를 풀어 나란하게 맞춥니다. 뒤쪽 다리에 표시된 첫
코를 앞쪽에 표시된 코와 짧은뜨기로 연결합니다(이 짧은뜨기는 다리의 첫
번째 코가 됩니다). 이제 첫 번째 다리의 코들이 원형으로 연결되었습니다.
계속해서 첫 번째 다리를 뜹니다.

52단 짧은뜨기 15 [15코]
실을 길게 남기고 자른 뒤 마무리를 합니다. 다리에 뚫린 구멍을 막지
않습니다. 몸통과 다리에 솜을 탄탄하게 채웁니다.

두 번째 다리

51단의 뒤쪽에서 뜨지 않은 열세 번째 코에 회녹색 실을 다시 연결합니다. 여기에서
두 번째 다리의 첫 번째 코를 시작합니다. 시작하는 실을 길게 남깁니다.

52단 짧은뜨기 15, 열다섯 번째 코에 이르면 첫 번째 코에서 짧은뜨기를 하여
원형으로 연결합니다 [15코]
실을 길게 남기고 자른 뒤 마무리를 합니다. 다리에 뚫린 구멍을 막지 않습니다.
필요하면 솜을 더 채웁니다.
시작하며 남긴 실을 돗바늘에 꿰어 두 다리 사이의 12코를 꿰매어 막습니다.

발

(2개, 노란색, 원형뜨기)

1단 실고리로 원형코 만들기, 짧은뜨기 5 [5코]
2단 짧은뜨기 5 [5코]
3단 (늘리기)×5 [10코]
4단 짧은뜨기 10 [10코]
5단 (짧은뜨기 1, 늘리기)×5 [15코]
6단 짧은뜨기 15 [15코]
7단 (짧은뜨기 2, 늘리기)×5 [20코]
8-11단 짧은뜨기 20 [20코]
실을 길게 남기고 자른 뒤 마무리를 합니다. 발에는 솜을 채우지 않아요. 발을
편평하게 펴고, 남긴 실을 돗바늘에 꿰어 마지막 단의 뚫린 구멍을 막습니다. 발을
다리에 꿰매어 붙입니다.

날개

(2개, 페트롤블루색, 원형뜨기)

- **1단** 실고리로 원형코 만들기, 짧은뜨기 6 [6코]
- **2단** 짧은뜨기 6 [6코]
- **3단** (짧은뜨기 2, 늘리기)×2 [8코]
- **4-5단** 짧은뜨기 8 [8코]
- **6단** (짧은뜨기 3, 늘리기)×2 [10코]
- **7-8단** 짧은뜨기 10 [10코]
- **9단** (짧은뜨기 4, 늘리기)×2 [12코]
- **10-11단** 짧은뜨기 12 [12코]
- **12단** (짧은뜨기 5, 늘리기)×2 [14코]
- **13-14단** 짧은뜨기 14 [14코]
- **15단** (짧은뜨기 6, 늘리기)×2 [16코]
- **16-17단** 짧은뜨기 16 [16코]
- **18단** (짧은뜨기 7, 늘리기)×2 [18코]
- **19-20단** 짧은뜨기 18 [18코]

실을 길게 남기고 자른 뒤 마무리를 합니다. 날개에는 솜을 채우지 않아요. 날개를 편평하게 펴고 20-21단 사이 양쪽에 꿰매어 붙입니다.

우비

모자 달린 우비는 모자와 케이프를 따로 떠서 연결하여 만듭니다.

주의 모자와 케이프 모두 긴뜨기빼뜨기(뒷고리에만)로 뜹니다. 이 뜨기법에 익숙하지 않으면, 단을 잘 세며 따라가는 것이 좋습니다.

주의 훔볼트가 빨리 자라서 이 케이프가 약간 작아졌습니다. 좀 크게 만들고 싶으면 모자에서 18코나 21코로 시작하고 케이프를 몇 단 더 뜨면 됩니다.

모자

(노란색, E-4(3.5㎜)코바늘 사용)

사슬뜨기 15, 첫 단은 기초사슬코의 양쪽에서 뜨고, 그 후로는 평면뜨기를 합니다.

- **1단** 코바늘에서 두 번째 코부터 시작, 긴뜨기빼뜨기 13, 마지막 코에 긴뜨기빼뜨기 4, 계속해서 기초사슬코의 반대쪽에서 뜹니다. 긴뜨기빼뜨기 13, 사슬뜨기 1, 방향 바꾸기 [30코]
- **2-13단** 뒷고리에만 긴뜨기빼뜨기 30, 사슬뜨기 1, 방향 바꾸기 [30코]
- **14단** 빼뜨기 30 [30코]

실을 길게 남기고 자른 뒤 마무리를 합니다.

케이프
(노란색, E-4(3.5㎜)코바늘 사용)
사슬뜨기 19, 평면뜨기를 하는데 첫 단은 기초사슬코의 뒷산에 뜹니다.

1단 코바늘을 두 번째 코의 뒷산에 넣습니다. 빼뜨기 5, 긴뜨기빼뜨기 13, 사슬뜨기 1, 방향 바꾸기 [18코]

2단 뒷고리에만 긴뜨기빼뜨기 13, 빼뜨기 5, 사슬뜨기 1, 방향 바꾸기 [18코]

3단 뒷고리에만 빼뜨기 5, 긴뜨기빼뜨기 13, 사슬뜨기 1, 방향 바꾸기 [18코]

4-62단 2-3단을 반복합니다.
실을 자르고 마무리를 한 뒤 실 끝을 보이지 않게 정리합니다.

연결하기
케이프의 긴 쪽과 모자에서 중심을 확인합니다. 케이프에서 빼뜨기 부분은 칼라가 되므로 윗단입니다. 윗단에서 아래로 5코를 세고(여기부터 긴뜨기빼뜨기 시작부분입니다), 케이프의 주름이 아래쪽 방향을 보게 합니다. 이 선에 모자를 놓고 시침핀으로 고정한 뒤, 케이프의 양쪽에 9코만 남도록 모자를 양쪽으로 잡아당깁니다. 이제 모자를 케이프에 꿰매어 붙입니다.

끈
케이프의 안쪽 면을 앞에 놓고 칼라가 시작되는 곳의 바로 옆, 두 번째 단에 있는 아무 코에나 코바늘을 넣은 뒤 노란색 실 고리를 잡아 뺍니다. 사슬뜨기 27, 코바늘에서 두 번째 코부터 시작하여 빼뜨기 26, 실을 자르고 마무리를 한 뒤 실 끝을 보이지 않게 정리합니다. 같은 방식으로 반대쪽에서 두 번째 끈을 만듭니다.

여우원숭이 티나

티나는 세계에서 네 번째로 큰, 아주 독특한 섬인 마다가스카르에서 의사와 간호사 집안의 아이로 태어났습니다. 티나는 어렸을 때 거미원숭이 루피타와 나무늘보 오티스를 만났습니다. 이 세 명은 가장 가까운 친구가 되었고 함께 하늘을 바라보며 많은 밤을 보냈습니다. 하지만 티나는 결국 자신의 길을 가기로 했고, 가업에 전념하며 동물 친구들의 크기와 종에 관계없이 도움을 필요로 하는 친구들을 돌보았습니다. 현재 티나는 보모로 일하고 있어요. 아이들과 함께 장난치고 돌보는 것을 좋아하거든요. 그리고 할아버지나 이모처럼 간호사가 되기 위해 공부하고 있습니다. 예전처럼 친구들을 자주 보지는 못하지만, 루피타와 오티스는 거의 매일 밤 티나에게 전화하여 함께 밤하늘을 보자고 청하곤 합니다.

 QR코드를 스캔하면 다양한 피카파우 친구들을 만날 수 있습니다.

주의 머리와 몸통을 하나로 뜹니다.

뺨(볼)

(2개, 노란색, 원형뜨기)

1단 실고리로 원형코 만들기, 짧은뜨기 8 [8코]
첫 코에 빼뜨기, 실을 길게 남기고 자른 뒤 마무리를 합니다.

주둥이

(흑연색, 원형뜨기)

1단 실고리로 원형코 만들기, 짧은뜨기 6 [6코]
2단 (늘리기)×6 [12코]
3-4단 짧은뜨기 12 [12코]
5단 짧은뜨기 2, (늘리기)×4, 짧은뜨기 6 [16코]
6단 짧은뜨기 5, (늘리기)×3, 짧은뜨기 8 [19코]
실을 길게 남기고 자른 뒤 마무리를 합니다. 짙은 웜그레이색 실로 코와 입을 수놓습니다.

머리와 몸통

(흑연색 실로 시작, 원형뜨기)

1단 실고리로 원형코 만들기, 짧은뜨기 6 [6코]
2단 (늘리기)×6 [12코]
3단 (짧은뜨기 1, 늘리기)×6 [18코]
4단 (짧은뜨기 1, 늘리기)×9 [27코]
5단 (짧은뜨기 2, 늘리기)×9 [36코]
6단 (짧은뜨기 3, 늘리기)×9 [45코]
7단 (짧은뜨기 4, 늘리기)×9 [54코]
8단 (짧은뜨기 8, 늘리기)×6 [60코]
9-11단 짧은뜨기 60 [60코]
오프화이트색 실로 바꿉니다.
12단 짧은뜨기 60 [60코]
계속해서 오프화이트색과 짙은 웜그레이색 실을 번갈아 사용하여 뜹니다. 각 부분이 시작되기 전에 색깔이 제시되어 있어요.
13단 (오프화이트) 짧은뜨기 17, (짙은 웜그레이) 짧은뜨기 9, (오프화이트) 짧은뜨기 8, (짙은 웜그레이) 짧은뜨기 9, (오프화이트) 짧은뜨기 17 [60코]
14-18단 (오프화이트) 짧은뜨기 19, (짙은 웜그레이) 짧은뜨기 8, (오프화이트) 짧은뜨기 6, (짙은 웜그레이) 짧은뜨기 8, (오프화이트) 짧은뜨기 19 [60코]
19단 (오프화이트) 짧은뜨기 20, (짙은 웜그레이) 짧은뜨기 6, (오프화이트) 짧은뜨기 8, (짙은 웜그레이) 짧은뜨기 6, (오프화이트) 짧은뜨기 20 [60코]
계속해서 오프화이트색 실로 뜹니다.

난이도 ★★

키
36cm(제시된 실로 떴을 때, 귀 포함)

재료
- 우스티드 실: 밝은 웜그레이색, 오프화이트색, 흑연색, 짙은 웜그레이색, 노란색, 은은한 녹색, 머스터드옐로색, 크림색
- 코바늘 C-2(2.75mm)
- 검은색 나사형 인형눈(10mm)
- 돗바늘
- 솜

필요한 기술 실고리로 원형코 만들기(32쪽), 단 중간에 색깔 바꾸기(35쪽), 원형단 시작할 때 색깔 바꾸기(35쪽), 연결하기(39쪽), 블록스티치(패턴에서 설명), 되돌아짧은뜨기(30쪽), 자수(38쪽)

20-21단 짧은뜨기 60 [60코]
22단 (짧은뜨기 3, 줄이기)×12 [48코]
23단 (짧은뜨기 2, 줄이기)×12 [36코]
24단 (짧은뜨기 4, 줄이기)×6 [30코]
주둥이를 13-20단 사이의 짙은 웜그레이색 부분들 사이의
오프화이트색 공간에 꿰매어 붙입니다. 완전히 꿰매기 전에
주둥이에 솜을 채워야 합니다. 16-17단 사이에 주둥이에서 2코
간격을 두고 나사형 인형눈을 끼웁니다. 인형눈 아래에 뺨(볼)을
꿰매어 붙입니다.
25단 (짧은뜨기 1, 줄이기)×10 [20코]
계속해서 오프화이트색과 밝은 웜그레이색 실을 번갈아 사용하여
뜹니다. 각 부분이 시작되기 전에 색깔이 제시되어 있어요.
주의 가슴의 오프화이트색 조각이 얼굴과 나란해야 합니다.
26단 (밝은 웜그레이) 짧은뜨기 9, (오프화이트) 짧은뜨기 5,
(밝은 웜그레이) 짧은뜨기 6 [20코]
머리에 솜을 탄탄하게 채웁니다.
27단 (밝은 웜그레이) (짧은뜨기 1, 늘리기)×4, 짧은뜨기 1,
(오프화이트) (늘리기, 짧은뜨기 1)×2, 늘리기, (밝은 웜그레이)
(짧은뜨기 1, 늘리기)×3 [30코]
28단 (밝은 웜그레이) 짧은뜨기 14, (오프화이트) 짧은뜨기 6,
(밝은 웜그레이) 짧은뜨기 10 [30코]
계속해서 밝은 웜그레이색 실로 뜹니다.
29단 (짧은뜨기 4, 늘리기)×6 [36코]
30-46단 짧은뜨기 36 [36코]
47단 (짧은뜨기 4, 줄이기)×6 [30코]
48단 (짧은뜨기 3, 줄이기)×6 [24코]
몸통에 솜을 탄탄하게 채웁니다.
49단 (짧은뜨기 2, 줄이기)×6 [18코]
50단 (짧은뜨기 1, 줄이기)×6 [12코]
51단 (줄이기)×6 [6코]
실을 길게 남기고 자른 뒤 마무리를 합니다. 남긴 실을 돗바늘에
꿰어 남은 각 코의 앞고리에 통과시킨 뒤 세게 잡아 당겨서 구멍을
막습니다. 실 끝을 보이지 않게 정리합니다.

귀

(2개, 오프화이트색, 원형뜨기)
1단 실고리로 원형코 만들기, 짧은뜨기 6 [6코]
2단 (짧은뜨기 1, 늘리기)×3 [9코]
3단 (짧은뜨기 2, 늘리기)×3 [12코]
4단 짧은뜨기 12 [12코]
5단 (짧은뜨기 1, 늘리기)×6 [18코]
6-9단 짧은뜨기 18 [18코]
실을 길게 남기고 자른 뒤 마무리를 합니다. 귀 안쪽에 흑연색 줄무늬를
수놓습니다. 귀에는 솜을 채우지 않아도 됩니다. 귀를 편평하게 편 뒤 머리에
꿰매어 붙입니다.

다리

(2개, 흑연색 실로 시작, 원형뜨기)
1단 실고리로 원형코 만들기, 짧은뜨기 5 [5코]
2단 (늘리기)×5 [10코]
3-7단 짧은뜨기 10 [10코]
8단 (짧은뜨기 4, 늘리기)×2 [12코]
9-11단 짧은뜨기 12 [12코]
다리에 솜을 가볍게 채우고 계속 뜨면서 채웁니다.
12단 (짧은뜨기 5, 늘리기)×2 [14코]
13단 짧은뜨기 14 [14코]
다음 단은 흑연색과 밝은 웜그레이색 실로 한 코씩 색깔을 바꾸어 뜹니다.
14단 짧은뜨기 14 [14코]
밝은 웜그레이색 실로 바꿉니다.
15-35단 짧은뜨기 14 [14코]
36단 (짧은뜨기 5, 줄이기)×2 [12코]
실을 길게 남기고 자른 뒤 마무리를 합니다. 필요하면 솜을 더 채웁니다.

발가락

(흑연색)

2단의 한 코에 코바늘을 넣어 흑연색 실을 연결하고 고리를 잡아 뺍니다.

평면뜨기를 합니다.

1단 (사슬뜨기 6, 코바늘에서 두 번째 코부터 시작하여 빼뜨기 5, 다리의 다음 코에서 빼뜨기 1)×4 [발가락 4개]

실을 자르고 마무리를 한 뒤 실 끝을 보이지 않게 정리합니다. 다리를 몸통의 45-46단 사이에 꿰매어 붙입니다.

팔

(2개, 오프화이트색 실로 시작, 원형뜨기)

1단 실고리로 원형코 만들기, 짧은뜨기 5 [5코]

2단 (늘리기)×5 [10코]

3-8단 짧은뜨기 10 [10코]

9단 (짧은뜨기 4, 늘리기)×2 [12코]

팔에 솜을 가볍게 채우고 계속 뜨면서 채웁니다. 다음 단은 오프화이트색과 밝은 웜그레이색 실로 한 코씩 색깔을 바꾸어 뜹니다.

10단 짧은뜨기 12 [12코]

밝은 웜그레이색 실로 바꿉니다.

11-26단 짧은뜨기 12 [12코]

27단 (짧은뜨기 1, 줄이기)×4 [8코]

실을 길게 남기고 자른 뒤 마무리를 합니다. 필요하면 솜을 더 채웁니다.

손가락

(오프화이트색)

2단의 한 코에 코바늘을 넣어 오프화이트색 실을 연결하고 고리를 잡아 뺍니다.

평면뜨기를 합니다.

1단 (사슬뜨기 6, 코바늘에서 두 번째 코부터 시작하여 빼뜨기 5, 팔의 다음 코에서 빼뜨기 1)×3 [손가락 3개]

실을 자르고 마무리를 한 뒤 실 끝을 보이지 않게 정리합니다. 두 팔을 다리를 몸통의 양옆 28-29단 사이에 꿰매어 붙입니다.

꼬리

(흑연색 실로 시작, 원형뜨기)

1단 실고리로 원형코 만들기, 짧은뜨기 6 [6코]

2단 (늘리기)×6 [12코]

3단 (짧은뜨기 1, 늘리기)×6 [18코]

4-10단 짧은뜨기 18 [18코]

계속해서 오프화이트색 3단, 흑연색 3단으로 스트라이프 패턴을 뜹니다.

11단 (짧은뜨기 7, 줄이기)×2 [16코]

꼬리에 솜을 가볍게 채우고 계속 뜨면서 채웁니다.

12-25단 짧은뜨기 16 [16코]

26단 (짧은뜨기 6, 줄이기)×2 [14코]

27-40단 짧은뜨기 14 [14코]

41단 (짧은뜨기 5, 줄이기)×2 [12코]

42-52단 짧은뜨기 12 [12코]

실을 길게 남기고 자른 뒤 마무리를 합니다. 필요하면 솜을 더 채웁니다.

꼬리를 몸통 뒤쪽 45-46단 사이에 꿰매어 붙입니다.

드레스

드레스는 사각형 두 조각을 연결하여 만듭니다.

사각형

(2개, 은은한 녹색 실로 시작)

사슬뜨기 34코, 평면뜨기를 합니다.

주의 블록스티치로 뜹니다. 블록스티치는 같은 방향으로 두 단을 뜨는데, 한 단은 한길긴뜨기를 뜨고 다음 한 단은 한길긴뜨기 코들 사이의 공간에 뜹니다. 편물의 '겉면'과 '안면'에 주의하세요.

주의 처음 건너 뛴 사슬 3코를 단 시작의 첫 번째 한길긴뜨기로 셉니다.

1단(겉면) 코바늘에서 네 번째 코부터 시작, 한길긴뜨기 31 [32코], 마지막 코에 스티치마커를 끼웁니다.

실을 마무리하지 않습니다. 편물의 방향을 바꾸지 말고, 계속 편물의 겉면을 앞에 두고 뜹니다.

주의 다음 단에서는 1단의 한길긴뜨기 코들 사이의 공간에서 뜹니다.

2단(겉면) 건너뛴 사슬 3코와 첫 번째 한길긴뜨기 사이의 첫 공간에서 크림색 실을 연결하고 고리를 잡아 뺍니다. 이 공간에 짧은뜨기 1, (사슬뜨기 2, 다음 공간 2개 건너뛰기, 다음 공간에서 짧은뜨기 1)×10, 마지막 코에 스티치마커를 끼웁니다. 실을 마무리하지 말고, 편물의 방향을 바꿉니다.

3단(안면) 1단의 끝에 끼운 스티치마커를 빼고, 은은한 녹색 실로 계속 뜹니다.
사슬뜨기 3, (2단의 사슬 2코 공간에 한길긴뜨기 3)×10, 짧은뜨기와 1단 시작할 때 뜬 사슬 3코 사이의 공간에 한길긴뜨기 1, 마지막 코에 스티치마커를 끼웁니다.
실을 마무리하지 않습니다. 편물의 방향을 바꾸지 말고, 계속 편물의 안면을 앞에 두고 뜹니다.

4단(안면) 2단의 끝에 끼운 스티치마커를 빼고, 크림색 실로 계속 뜹니다.
사슬뜨기 2, 사슬 3코와 첫 번째 한길긴뜨기 사이의 공간에 짧은뜨기 1, (사슬뜨기 2, 다음 한길긴뜨기 3코 무늬 사이의 공간에 짧은뜨기 1)×9, 사슬뜨기 2, 3단의 마지막 한길긴뜨기 3코 무늬와 마지막 한길긴뜨기 사이의 공간에 짧은뜨기 1, 마지막 코에 스티치마커를 끼웁니다.
실을 마무리하지 말고, 편물의 방향을 바꿉니다.

5단(겉면) 3단의 끝에 끼운 스티치마커를 빼고, 은은한 녹색 실로 계속 뜹니다.
사슬뜨기 3, (4단의 사슬 2코 공간에 한길긴뜨기 3)×10, 짧은뜨기와 3단 시작할 때 뜬 사슬 3코 사이의 공간에 한길긴뜨기 1, 마지막 코에 스티치마커를 끼웁니다.
실을 마무리하지 않습니다. 편물의 방향을 바꾸지 말고, 계속 편물의 겉면을 앞에 두고 뜹니다.

6단(겉면) 4단의 끝에 끼운 스티치마커를 빼고, 크림색 실로 계속 뜹니다.
사슬뜨기 2, 사슬 3코와 첫 번째 한길긴뜨기 사이의 공간에 짧은뜨기 1, (사슬뜨기 2, 다음 한길긴뜨기 3코 무늬 사이의 공간에 짧은뜨기 1)×9,
사슬뜨기 2, 5단의 마지막 한길긴뜨기 3코 무늬와 마지막 한길긴뜨기 사이의 공간에 짧은뜨기 1, 마지막 코에 스티치마커를 끼웁니다.
실을 마무리하지 말고, 편물의 방향을 바꿉니다.

7단 3단과 같이 뜹니다.

8단 4단과 같이 뜹니다.

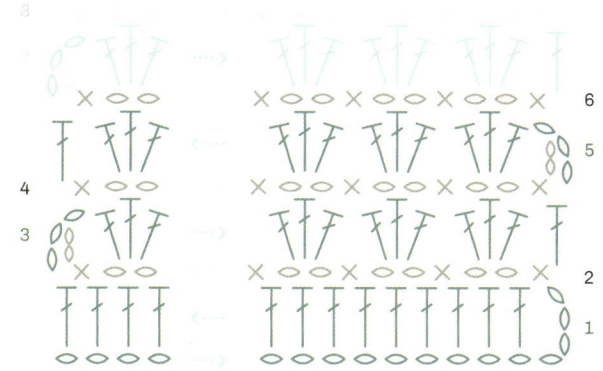

크림색 실을 자르고 마무리를 합니다.

9단 5단과 같이 뜹니다.

8단의 크림색 마지막 짧은뜨기 코에 머스터드옐로색 실을 연결하고 고리를 잡아 뺍니다.

10단 머스터드옐로색 실로 6단과 같이 뜹니다.

11단 은은한 녹색 실로 3단과 같이 뜹니다.

12단 머스터드옐로색 실로 4단과 같이 뜹니다.

13단 은은한 녹색 실로 5단과 같이 뜹니다.

14단 머스터드옐로색 실로 6단과 같이 뜹니다.

15단 은은한 녹색 실로 3단과 같이 뜹니다.

16단 머스터드옐로색 실로 4단과 같이 뜹니다.

17단 은은한 녹색 실로 5단과 같이 뜹니다.

두 실을 자르고 마무리를 합니다. 이때 은은한 녹색 실은 길게 남기고 자르고, 머스터드옐로색 실 끝은 보이지 않게 정리합니다.

연결하기

먼저 드레스의 상의부터 바느질합니다. 사각형 조각들을 겉면끼리 맞대어 놓고, 각 조각의 17단을 맞추어 놓습니다. 17단에서 양쪽 바깥 8코는 어깨용, 가운데 16코는 칼라용으로 표시해놓습니다(17단의 시작하는 사슬코는 첫 한길긴뜨기 코로 계산하면, 총 32코가 됩니다). 이때 스티치마커를 사용하면 편리합니다.

솔기 연결을 위해 빼뜨기 연결기법으로 조각들을 연결합니다. 코바늘을 첫 번째 사각형 조각의 오른쪽 모퉁이 코의 뒷고리에 앞에서 뒤로 넣어 남겨둔 은은한 녹색 실의 고리를 잡아 뺍니다.

실 끝을 연결하고 있는 조각들의 아래에서 잡습니다(사각형들을 연결하는 동안에도 실 끝을 편물 아래에 두도록 합니다). 이제 코바늘을 두 번째 사각형 조각의 모퉁이 코의 뒷고리에 위에서 아래로 넣어 은은한 녹색 실의 고리를 당겨서 코바늘에 걸린 모든 고리들 사이로 잡아 뺍니다. 첫 번째 빼뜨기가 완성되었습니다.

코바늘을 첫 번째 사각형의 다음 뒷고리와 두 번째 사각형의 다음 뒷고리에 앞에서 뒤로 넣습니다. 은은한 녹색 실의 고리를 당겨서 코바늘에 걸린 모든 고리들 사이로 잡아 빼서 빼뜨기를 합니다.

이와 같이 첫 번째 어깨의 8코에 대하여 빼뜨기를 합니다. 실을 자르고 마무리를 한 뒤 실 끝을 보이지 않게 정리합니다.

같은 방식으로 사각형의 반대쪽(두 번째 어깨)을 연결합니다.

드레스의 옆선 연결을 위해, 드레스를 안쪽이 겉으로 나오도록 뒤집습니다. 단 끝을 잘 맞추고 돗바늘로 1단부터 9단(머스터드옐로색 첫 단이 시작되는 곳)까지 가장자리를 꿰맵니다. 같은 방식으로 반대쪽 옆선도 연결합니다. 남은 코들은 진동 둘레입니다.

칼라
(은은한 녹색)

17단의 어깨솔기 옆 첫 코에 은은한 녹색 실을 연결한 뒤, 다음과 같이 뜹니다. 빼뜨기 16, 어깨솔기의 옆에 빼뜨기 2, 빼뜨기 16, 어깨솔기의 옆에 빼뜨기 2 [36코]

실을 자르고 마무리를 한 뒤, 실 끝을 보이지 않게 정리합니다.

소매
(은은한 녹색)

진동둘레의 아래 중심에서 단 끝에 은은한 녹색 실을 연결하여 원형뜨기를 합니다.

1단 사슬뜨기 3, 진동둘레를 따라 한길긴뜨기 26, 세 번째 사슬코에 빼뜨기 [27코]

2단 빼뜨기 27 [27코]

실을 자르고 마무리를 한 뒤, 실 끝을 보이지 않게 정리합니다. 같은 방식으로 두 번째 소매도 만듭니다.

드레스 밑단
(은은한 녹색)

드레스 밑단의 1단에 은은한 녹색 실을 연결하여 원형뜨기를 합니다.

1단 1단의 한길긴뜨기 코들 사이의 공간에 코바늘을 넣어 짧은뜨기 64 [64코]

2단 사슬뜨기 1, 되돌아짧은뜨기 64 [64코]

실을 자르고 마무리를 한 뒤, 실 끝을 보이지 않게 정리합니다.

암소 라모나

라모나는 여우 루카스와 함께 놀면서 자랐습니다. 그래서 라모나가 탐정 추리소설을 읽으며 많은 시간을 보낸 것이 놀랍지 않습니다 (라모나가 영화 '백투더퓨처'를 가장 많이 보았다는 것과 많은 친구를 만났다는 것도요). 라모나가 그런 이야기들에서 가장 좋아하는 것은 주인공이 단서들을 찾아 서로 연결하여 진실을 알아내는 부분이에요. 그래서 가까운 주변에서 풀리지 않은 미스터리를 해결하기 위해 직접 조사를 시작했습니다. 이를테면 귀여운 공룡 에두아르도의 숙모가 만든 마지막 케이크를 누가 먹었는지, 다람쥐 앵거스가 겨울 양식을 어디에 숨겼는지 같은 문제들을 푸는 것이죠. 이제 라모나는 주요 신문에 실을 심층 기사를 쓰는 뛰어난 탐사 기자랍니다.

난이도 ★★

QR코드를 스캔하면 다양한 피카파우 친구들을 만날 수 있습니다.

키
35cm(제시된 실로 떴을 때, 뿔 포함)

재료
- 우스티드 실: 갈색, 파스텔핑크색, 연분홍색, 강황색, 크림색, 검은색 약간, 흑연색, 파스텔민트색
- 핑거링 실(선택사항): 파스텔민트색
- 코바늘 C-2(2.75mm), 2.00mm(선택사항)
- 검은색 나사형 인형눈(10mm)
- 솜

필요한 기술 실고리로 원형코 만들기(32쪽), 기초사슬코로 타원형 뜨기(34쪽), 원형단 시작할 때 색깔 바꾸기(35쪽), 몸통을 두 부분으로 나누기(47쪽), 사슬코의 뒷산에서 뜨기(20쪽), 긴뜨기빼뜨기(26쪽), 매트리스 스티치(패턴에서 설명), 빼뜨기 연결(94쪽), 연결하기(39쪽), 자수(38쪽)

뺨(볼)

(2개, 파스텔핑크색, 원형뜨기)

1단 실고리로 원형코 만들기, 짧은뜨기 8 [8코]
첫 코에 빼뜨기, 실을 길게 남기고 자른 뒤 마무리를 합니다.

머리

(파스텔핑크색 실로 시작, 원형뜨기)

사슬뜨기 8, 기초사슬코의 양쪽에 뜹니다.

1단 코바늘에서 두 번째 코부터 시작, 늘리기, 짧은뜨기 5, 마지막 코에 짧은뜨기 4
계속해서 기초사슬코의 반대쪽에 뜹니다. 짧은뜨기 5, 늘리기 [18코]

2단 (늘리기)×2, 짧은뜨기 5, (늘리기)× 4, 짧은뜨기 5, (늘리기)×2 [26코]

3단 짧은뜨기 2, 늘리기, 짧은뜨기 8, 늘리기, 짧은뜨기 3, 늘리기, 짧은뜨기 8, 늘리기, 짧은뜨기 1 [30코]

4-5단 짧은뜨기 30 [30코]
크림색 실로 바꿉니다.

6-8단 짧은뜨기 30 [30코]
갈색 실로 바꾸고, 계속해서 갈색과 크림색 실을 번갈아 사용하여 뜹니다. 각 부분이 시작되기 전에 색깔이 제시되어 있어요.

주의 크림색 부분은 편물의 긴 쪽 가운데에 있어야 합니다. 위치가 맞지 않으면 9단을 시작할 때 갈색 코를 더 뜨거나 풀어서 위치를 맞추세요.

주의 이후 단을 뜰 때 '½ 늘리기'라고 제시되어 있으면, 늘리기에서 첫 코는 기존 색으로, 두 번째 코는 다른 색으로 뜹니다.

9단 (갈색) 짧은뜨기 5, 늘리기, ½ 늘리기, (크림색) ½ 늘리기, (늘리기)×2, ½ 늘리기, (갈색) ½ 늘리기, 늘리기, 짧은뜨기 19 [36코]

10-12단 (갈색) 짧은뜨기 8, (크림색) 짧은뜨기 6, (갈색) 짧은뜨기 22 [36코]
검은색 실로 7-8단 사이에 입을 수놓습니다.

13단 (갈색) 짧은뜨기 5, 늘리기, 짧은뜨기 1, 늘리기, (크림색) (짧은뜨기 1, 늘리기)×3, (갈색) 짧은뜨기 1, 늘리기, 짧은뜨기 20 [42코]

14-15단 (갈색) 짧은뜨기 10, (크림색) 짧은뜨기 9, (갈색) 짧은뜨기 23 [42코]

16단 (갈색) 짧은뜨기 7, 늘리기, 짧은뜨기 2, (크림색) (늘리기, 짧은뜨기 2)×3, ½ 늘리기, (갈색) ½ 늘리기, 짧은뜨기 2, 늘리기, 짧은뜨기 19 [48코]

17단 (갈색) 짧은뜨기 11, (크림색) 짧은뜨기 13, (갈색) 짧은뜨기 24 [48코]

18단 (갈색) 짧은뜨기 7, 늘리기, 짧은뜨기 3, (크림색) (늘리기, 짧은뜨기 3)×3, 늘리기, (갈색) 짧은뜨기 3, 늘리기, 짧은뜨기 20 [54코]

19-24단 (갈색) 짧은뜨기 12, (크림색) 짧은뜨기 17, (갈색) 짧은뜨기 25 [54코]

25단 (갈색) 짧은뜨기 13, (크림색) 짧은뜨기 15, (갈색) 짧은뜨기 26 [54코]

26단 (갈색) 짧은뜨기 14, (크림색) 짧은뜨기 13, (갈색) 짧은뜨기 27 [54코]

27단 (갈색) 짧은뜨기 15, (크림색) 짧은뜨기 11, (갈색) 짧은뜨기 28 [54코]

28단 (갈색) 짧은뜨기 16, (크림색) 짧은뜨기 9, (갈색) 짧은뜨기 29 [54코]
갈색 실로 바꿉니다.

29단 짧은뜨기 54 [54코]

21-22단 사이에 크림색 부분에서 4코 간격을 두고 나사형 인형눈을 끼웁니다. 뺨(볼)을 인형눈 아래에 꿰매어 붙입니다.

30단 (짧은뜨기 7, 줄이기)×6 [48코]

31단 짧은뜨기 48 [48코]

32단 (짧은뜨기 6, 줄이기)×6 [42코]

33단 (짧은뜨기 5, 줄이기)×6 [36코]

34단 (짧은뜨기 4, 줄이기)×6 [30코]

머리에 솜을 탄탄하게 채웁니다.

35단 (짧은뜨기 3, 줄이기)×6 [24코]

36단 (짧은뜨기 2, 줄이기)×6 [18코]

37단 (짧은뜨기 1, 줄이기)×6 [12코]

38단 (줄이기)×6 [6코]

실을 길게 남기고 자른 뒤 마무리를 합니다. 남긴 실을 돗바늘에 꿰어 남은 각 코의 앞고리에 통과시킨 뒤 세게 잡아당겨서 구멍을 막습니다. 실 끝을 보이지 않게 정리합니다.

몸통

(갈색 실로 시작)

시작할 때 실을 길게 남기고 사슬뜨기 27, 사슬코가 꼬이지 않도록 주의하면서 코바늘을 첫 번째 사슬코에 넣고 빼뜨기를 하여 고리를 만듭니다. 계속해서 나선형뜨기를 합니다.

1-2단 짧은뜨기 27 [27코]

3단 (짧은뜨기 8, 늘리기)×3 [30코]

4단 짧은뜨기 30 [30코]

5단 (짧은뜨기 4, 늘리기)×6 [36코]

6-7단 짧은뜨기 36 [36코]

8단 (짧은뜨기 5, 늘리기)×6 [42코]

9-12단 짧은뜨기 42 [42코]

13단 (짧은뜨기 6, 늘리기)×6 [48코]

14-22단 짧은뜨기 48 [48코]

23단 (짧은뜨기 10, 줄이기)×4 [44코]

24-25단 짧은뜨기 44 [44코]

26단 (짧은뜨기 9, 줄이기)×4 [40코]

27단 짧은뜨기 40 [40코]

실을 마무리하지 않습니다.

다리

다리를 만들기 위해 코를 나눕니다. 다리 하나에 16코씩, 두 다리 사이 공간을 위해 앞쪽에 4코, 뒤쪽에 4코로 나눕니다(이때 스티치마커를 사용하면 편리합니다). 뒤쪽 다리에 표시된 첫 코를 앞쪽에 표시된 코와 짧은뜨기로 연결합니다(이 짧은뜨기는 다리의 첫 번째 코가 됩니다). 이제 첫 번째 다리의 코들이 원형으로 연결되었습니다. 계속해서 첫 번째 다리를 뜹니다.

28-47단 짧은뜨기 16 [16코]

크림색 실로 바꿉니다.

48-49단 짧은뜨기 16 [16코]

흑연색 실로 바꿉니다.

50-52단 짧은뜨기 16 [16코]

몸통과 다리에 솜을 채웁니다. 솜을 적당히 채워야 발굽을 쉽게 뜰 수 있습니다. 코바늘이 발굽의 가운데에 있는지 확인합니다. 필요하면 짧은뜨기를 더 뜨거나 풀어서 위치를 맞추어야 합니다. 이제 8코 건너뛰기를 하고 짧은뜨기로 아홉 번째 코와 연결합니다. 이 코는 다음 단의 첫 코입니다.
53-54단 짧은뜨기 8 [8코]
발가락에 솜을 가볍게 채웁니다.
55단 (줄이기)×4 [4코]
실을 길게 남기고 자른 뒤 마무리를 합니다. 남긴 실을 돗바늘에 꿰어 남은 각 코의 앞고리에 통과시킨 뒤, 세게 잡아당겨서 구멍을 막습니다. 실 끝을 보이지 않게 정리합니다.
첫 번째 발가락 옆의 뜨지 않은 첫 코에 흑연색 실을 다시 연결하고, 53-55단과 같이 떠서 두 번째 발가락을 뜹니다.

두 번째 다리

27단의 뒤쪽에서 뜨지 않은 다섯 번째 코에 갈색 실을 다시 연결합니다. 여기에서 두 번째 다리의 첫 번째 코를 시작합니다. 시작하는 실을 길게 남깁니다.
28단 짧은뜨기 16, 열여섯 번째 코에 이르면 첫 번째 코에서 짧은뜨기를 하여 원형으로 연결합니다 [16코]
29-55단 첫 번째 다리와 같은 방식으로 뜹니다.
필요하면 솜을 더 채웁니다. 시작하며 남긴 실을 돗바늘에 꿰어 두 다리 사이의 4코를 꿰매어 막습니다. 몸통을 머리의 21-29단 사이에 꿰매어 붙입니다.

팔

(2개, 흑연색 실로 시작, 원형뜨기)
1단 실고리로 원형코 만들기, 짧은뜨기 6 [6코]
2단 (늘리기)×6 [12코]
3-7단 짧은뜨기 12 [12코]
갈색 실로 바꿉니다.
8-26단 짧은뜨기 12 [12코]
27단 (짧은뜨기 1, 줄이기)×4 [8코]
실을 길게 남기고 자른 뒤 마무리를 합니다. 팔에 솜을 채우고, 양팔을 몸통의 양옆 3-4단 사이에 꿰매어 붙입니다.

뿔

(2개, 크림색, 원형뜨기)
1단 실고리로 원형코 만들기, 짧은뜨기 6 [6코]
2단 짧은뜨기 6 [6코]
3단 (늘리기)×2, 짧은뜨기 4 [8코]
4단 짧은뜨기 8 [8코]
5단 (짧은뜨기 1, 늘리기)×2, 짧은뜨기 4 [10코]
6단 짧은뜨기 10 [10코]
7단 짧은뜨기 2, 늘리기, 짧은뜨기 1, 늘리기, 짧은뜨기 5 [12코]
8단 줄이기, 짧은뜨기 2, 늘리기, 짧은뜨기 1, 늘리기, 짧은뜨기 3, 줄이기 [12코]
9단 짧은뜨기 12 [12코]
실을 길게 남기고 자른 뒤 마무리를 합니다. 뿔에 솜을 가볍게 채운 뒤, 정수리의 26-30단 사이, 크림색 부분 옆에 꿰매어 붙입니다.

겉귀

(2개, 갈색, 원형뜨기)
1단 실고리로 원형코 만들기, 짧은뜨기 6 [6코]
2단 (늘리기)×6 [12코]
3단 짧은뜨기 12 [12코]
4단 (짧은뜨기 3, 늘리기)×3 [15코]
5단 짧은뜨기 15 [15코]

6단 (짧은뜨기 4, 늘리기)×3 [18코]
7단 짧은뜨기 18 [18코]
8단 (짧은뜨기 5, 늘리기)×3 [21코]
9단 짧은뜨기 21 [21코]
10단 (짧은뜨기 6, 늘리기)×3 [24코]
11단 짧은뜨기 24 [24코]
12단 (짧은뜨기 7, 늘리기)×3 [27코]
13-16단 짧은뜨기 27 [27코]
17단 (짧은뜨기 7, 줄이기)×3 [24코]
18단 (짧은뜨기 2, 줄이기)×6 [18코]
19단 짧은뜨기 18 [18코]
20단 (짧은뜨기 4, 줄이기)×3 [15코]
21-22단 짧은뜨기 15 [15코]
실을 길게 남기고 자른 뒤 마무리를 합니다. 솜을 채우지 않아요.

속귀

(2개, 파스텔핑크색)
사슬뜨기 11, 기초사슬코의 양쪽에 타원형 뜨기를 합니다.
1단 코바늘의 두 번째 코부터 시작, 늘리기, 짧은뜨기 8, 마지막 코에 짧은뜨기 3, 계속해서 기초사슬코의 반대쪽에 뜹니다. 짧은뜨기 9 [22코]
실을 길게 남기고 자른 뒤 마무리를 합니다. 속귀를 갈색 귀 안쪽의 가운데에 꿰매어 붙입니다. 귀를 편평하게 펴고 끝단을 반으로 접어 3코를 꿰맵니다. 귀를 머리 26-29단 사이 뿔 아래에 꿰매어 붙입니다.

머리털

(크림색)
주의 저는 암소 라모나를 뜰 때, 매번 머리형을 다르게 만듭니다. 그러니까 여러분도 다양하게 시도해보고 가닥도 마음대로 만드세요. 또 털이 없어도 근사해 보입니다.
코바늘을 머리의 23단, 크림색 부분에 갈색 실에서 5코 정도 떨어진 곳에 넣습니다.
1단 (사슬뜨기 4, 코바늘에서 두 번째 사슬코부터 시작하여 빼뜨기 3, 머리의 옆 코에 빼뜨기 1)×7 [7개 머리털]
편물의 방향을 바꾸고 계속해서 머리의 24단에 뜹니다.

2단 (사슬뜨기 4, 코바늘에서 두 번째 사슬코부터 시작하여 빼뜨기 3, 머리의 옆 코에 빼뜨기 1)×9 [9개 머리털]
편물의 방향을 바꾸고 계속해서 머리의 25단에서 뜹니다.

3단 (사슬뜨기 4, 코바늘에서 두 번째 사슬코부터 시작하여 빼뜨기 3, 머리의 옆 코에 빼뜨기 1)×9 [9개 머리털]
편물의 방향을 바꾸고 계속해서 머리의 26단에서 뜹니다.

4단 (사슬뜨기 4, 코바늘에서 두 번째 사슬코부터 시작하여 빼뜨기 3, 머리의 옆 코에 빼뜨기 1)×7 [7개 머리털]
편물의 방향을 바꾸고 계속해서 머리의 27단에서 뜹니다.

5단 (사슬뜨기 4, 코바늘에서 두 번째 사슬코부터 시작하여 빼뜨기 3, 머리의 옆 코에 빼뜨기 1)×7 [7개 머리털]
실을 자르고 마무리를 한 뒤 실 끝을 보이지 않게 정리합니다.

점프슈트

점프슈트는 직사각형 두 조각을 연결하여 만듭니다.

직사각형
(2개, 파스텔민트색)

사슬뜨기 33, 평면뜨기를 합니다.

1단 코바늘에서 두 번째 사슬코부터 시작, 빼뜨기 8, 긴뜨기빼뜨기 18, 빼뜨기 6, 사슬뜨기 1, 방향 바꾸기 [32코]

2단 뒷고리에만 빼뜨기 6, 긴뜨기빼뜨기 18, 빼뜨기 8, 사슬뜨기 1, 방향 바꾸기 [32코]

3단 뒷고리에만 빼뜨기 8, 긴뜨기빼뜨기 18, 빼뜨기 6, 사슬뜨기 1, 방향 바꾸기 [32코]

4-27단 2-3단을 반복합니다.
실을 길게 남기고 자른 뒤 마무리를 합니다.
첫 번째 직사각형을 겉면이 바깥으로 나오도록 길게 반으로 접습니다. 남긴 실을 돗바늘에 꿰어 1단과 27단의 빼뜨기 6코 부분을 꿰매어 첫 번째 다리의 뚫린 부분을 만듭니다. 두 번째 직사각형도 같은 방식으로 만듭니다.
이제 두 직사각형의 뚫린 가장자리를 맞추고 긴뜨기빼뜨기 18코(점프슈트용)를 꿰매어 연결하고, 이어서 빼뜨기 8코(허리)를 꿰매어 연결합니다. 뒤쪽에 남은 뚫린 가장자리도 같은 방식으로 연결합니다.

주의 저는 매트리스 스티치로 꿰매어 연결하지만, 다른 기법을 사용해도 됩니다. 매트리스 스티치 방법은 다음과 같습니다. 가장자리마다 남겨둔 실 끝을 앞뒤 번갈아가며 잡습니다. 돗바늘을 한쪽의 위 고리에 위에서 아래로 넣은 뒤, 다른 쪽 아래 고리에 위에서 아래로 넣습니다.

어깨끈
(2개, 파스텔민트색)

실을 길게 남기고 시작합니다. 사슬뜨기 27, 평면뜨기를 합니다.

1단 코바늘에서 두 번째 코부터 시작, 빼뜨기 26, 사슬뜨기 1, 방향 바꾸기 [26코]

2단 뒷고리에만 빼뜨기 26 [26코]
여기에서 마무리해도 되고 이어지는 가장자리 2개 중 1개를 만들어도 됩니다.

가장자리 옵션 A
(조개무늬 만들기)

사슬뜨기 1, 방향 바꾸기, 평면뜨기를 합니다.

3단 짧은뜨기 1, (1코 건너뛰기, 1코에 한길긴뜨기 5, 1코 건너뛰기, 빼뜨기 1)×6, 마지막 코에 짧은뜨기 1
실을 길게 남기고 자른 뒤 마무리를 합니다. 반대쪽 어깨끈도 같은 방식으로 만듭니다.

가장자리 옵션 B
(주름장식 만들기, 핑거링 실과 코바늘 2.00㎜ 사용)

어깨끈의 첫 코에 핑거링 실을 연결하여 고리를 잡아 뺍니다.
평면뜨기를 합니다.

3단 (늘리기)×26, 사슬뜨기 2, 방향 바꾸기 [52코]

4단 (긴뜨기 1, 긴뜨기늘리기)×26, 사슬뜨기 1, 방향 바꾸기 [78코]

5단 빼뜨기 78 [78코]

옵션 A · 옵션 B

실을 길게 남기고 자른 뒤 마무리를 합니다. 반대쪽 어깨끈도 같은 방식으로 만듭니다.
어깨끈을 점프슈트의 앞쪽과 뒤쪽, 허리밴드에 꿰매어 붙입니다.

카디건

카디건은 육각형 2개를 접고 코바늘이나 돗바늘로 연결하여 만듭니다.
주의 시작할 때 뜨는 사슬뜨기 3코를 한길긴뜨기 1코로, 사슬뜨기 2코를 긴뜨기 1코로 계산합니다.
주의 원형뜨기로 뜹니다.

육각형
(2개, 강황색 실로 시작, 원형뜨기)
1단 실고리로 원형코 만들기, 사슬뜨기 3, 한길긴뜨기 2, 사슬뜨기 1, (한길긴뜨기 3, 사슬뜨기 1)×5, 시작한 사슬의 세 번째 코에 빼뜨기를 하여 원형으로 연결 [18코 + 사슬 6코]
크림색 실로 바꿉니다.
2단 사슬뜨기 3, 한길긴뜨기 2, 사슬 1코 공간에 (한길긴뜨기 2, 사슬뜨기 2, 한길긴뜨기 2), (한길긴뜨기 3, 사슬 1코 공간에 (한길긴뜨기 2, 사슬뜨기 2, 한길긴뜨기 2))×5, 시작한 사슬의 세 번째 코에 빼뜨기를 하여 원형으로 연결 [42코 + 사슬 12코]
강황색 실로 바꿉니다.
3단 사슬뜨기 3, 한길긴뜨기 4, 사슬 2코 공간에 (한길긴뜨기 2, 사슬뜨기 2, 한길긴뜨기 2), (한길긴뜨기 7, 사슬 2코 공간에 (한길긴뜨기 2, 사슬뜨기 2, 한길긴뜨기 2))×5, 한길긴뜨기 2, 시작한 사슬의 세 번째 코에 빼뜨기를 하여 원형으로 연결 [66 + 사슬 12코]
주의 주름이 보이기 시작해도 걱정하지 마세요. 콧수가 커진 결과이고 나중에 카디건의 소매가 됩니다.
크림색 실로 바꿉니다.
4단 사슬뜨기 3, 한길긴뜨기 6, 사슬 2코 공간에 (한길긴뜨기 2, 사슬뜨기 2, 한길긴뜨기 2), (한길긴뜨기 11, 사슬 2코 공간에 (한길긴뜨기 2, 사슬뜨기 2, 한길긴뜨기 2))×5, 한길긴뜨기 4, 시작한 사슬의 세 번째 코에 빼뜨기를 하여 원형으로 연결 [90코 + 사슬 12코]
강황색 실로 바꿉니다.
5단 사슬뜨기 2, 긴뜨기 8, 사슬 2코 공간에 (긴뜨기 2, 사슬뜨기 2, 긴뜨기 2), (긴뜨기 15, 사슬 2코 공간에 (긴뜨기 2, 사슬뜨기 2, 긴뜨기 2))×5, 긴뜨기 6, 시작한 사슬의 두 번째 코에 빼뜨기를 하여 원형으로 연결 [114코 + 사슬 12코]
실을 자르고 마무리를 한 뒤 실 끝을 보이지 않게 정리합니다.

연결하기
육각형 1개를 'L' 모양이 되도록 반으로 접고 그 끝을 스티치마커로 고정합니다. 나머지 육각형도 같은 방식으로 접습니다. 사진과 같이 육각형의 직선을 맞춥니다. 코바늘로 빼뜨기연결을 하거나 돗바늘로 매트리스 스티치를 하여 한쪽 옆선을 연결합니다. 이어서 한쪽 어깨에 16코씩, 양쪽 어깨를 꿰매어 연결합니다.

가장자리 뜨기
(연분홍색)
겉면을 앞에 놓고, 네크라인, 왼쪽 어깨의 앞에서 코바늘을 넣습니다.
주의 여기에서는 돗바늘로 연결했는지, 코바늘로 연결했는지에 따라 전체 콧수가 달라질 수 있습니다.
1단 빼뜨기 4, 다음 사슬 2코 공간에 짧은뜨기 2, 짧은뜨기 19/20, 다음 사슬 2코 공간에 짧은뜨기 2, 짧은뜨기 42/43, 다음 사슬 2코 공간에 짧은뜨기 2, 짧은뜨기 20, 다음 사슬 2코 공간에 짧은뜨기 2, 빼뜨기 17/18(네크라인) [약 114코]
2단 뒷고리에만 빼뜨기 114 [114코]
실을 자르고 마무리한 뒤 실 끝을 보이지 않게 정리합니다.

소매 단
(연분홍색)
소매 끝의 가운데 코에 연분홍색 실을 연결합니다.
주의 여기에서는 돗바늘로 연결했는지, 코바늘로 연결했는지에 따라 전체 콧수가 달라질 수 있습니다.
1단 모든 코에 짧은뜨기 [22/23코]
2단 뒷고리에만 모든 코에 빼뜨기 [22/23코]
실을 자르고 마무리한 뒤 실 끝을 보이지 않게 정리합니다. 다른 쪽 소매 단도 같은 방식으로 뜹니다.

하마 페기

페기는 의상디자이너입니다. 영화와 연극에 출연하는 배우들의 의상과 액세서리를 만들죠. 어렸을 때는 시대극을 좋아했지만, 우연히 할리우드에서 공상과학영화 스튜디오에서 일하게 되면서(그 이야기는 다음에 해줄게요), 자신에게 창의력이 있다는 것을 알게 되었습니다. 다른 세계, 시대, 우주에 사는 친구들은 옷을 어떻게 입을까? 새로운 환경에 어떻게 적응할까? 그들의 옷은 그 사회에서 어떤 의미일까? 등을 상상하는 것이죠. 페기는 자신의 역할이 아주 중요하다는 사실을 잘 알고 있습니다. 연기하는 배우만큼이나 그 의상을 통해 등장인물을 확인할 수 있기 때문이에요. 인디애나 존스에게 모자가 없다거나 '스타워즈'의 레아 오르가나 공주에게 드레스와 헤어스타일이 없다고 상상해보세요.

난이도 ★★

키
32cm(제시된 실로 떴을 때, 귀 포함)

재료
- 우스티드 실: 밍크브라운색, 파스텔핑크색 약간, 오프화이트색, 노란색, 크림색, 은은한 녹색
- 핑거링 실(선택사항): 노란색
- 코바늘 C-2(2.75mm), B-1(2mm, 선택사항)
- 검은색 나사형 인형눈(10mm)
- 돗바늘
- 솜

필요한 기술 실고리로 원형코 만들기(32쪽), 기초사슬코로 타원형 뜨기(34쪽), 원형단 시작할 때 색깔 바꾸기(35쪽), 몸통을 두 부분으로 나누기(47쪽), 자카드 무늬뜨기(36쪽), 긴뜨기빼뜨기(26쪽), 되돌아짧은뜨기(30쪽), 매트리스 스티치(100쪽), 연결하기(39쪽), 자수(38쪽)

 QR코드를 스캔하면 다양한 피카파우 친구들을 만날 수 있습니다.

머리

(밍크브라운색, 원형뜨기)
사슬뜨기 8, 기초사슬코의 양쪽에 뜹니다.
1단 코바늘에서 두 번째 코부터 시작, 늘리기, 짧은뜨기 5, 마지막 코에 짧은뜨기 4 계속해서 기초사슬코의 반대쪽에 뜹니다. 짧은뜨기 5, 늘리기 [18코]
2단 (늘리기)×2, 짧은뜨기 5, (늘리기)×4, 짧은뜨기 5, (늘리기)×2 [26코]
3단 (짧은뜨기 1, 늘리기)×2, 짧은뜨기 6, (늘리기, 짧은뜨기 1)×3, 늘리기, 짧은뜨기 6, 늘리기, 짧은뜨기 1, 늘리기 [34코]
4단 (짧은뜨기 2, 늘리기)×2, 짧은뜨기 7, (늘리기, 짧은뜨기 2)×3, 늘리기, 짧은뜨기 7, 늘리기, 짧은뜨기 2, 늘리기 [42코]
5-7단 짧은뜨기 42 [42코]
주의 8단에서 하마 콧구멍을 추가합니다. 콧구멍이 중심으로부터 같은 거리인지 확인하고 필요하면 위치를 조정하세요.
8단 짧은뜨기 6, 한길긴뜨기 5코 구슬뜨기, 짧은뜨기 8, 한길긴뜨기 5코 구슬뜨기, 짧은뜨기 26 [42코]
9-15단 짧은뜨기 42 [42코]
16단 (늘리기, 짧은뜨기 2)×7, 늘리기, 짧은뜨기 20 [50코]
17단 짧은뜨기 50 [50코]
18단 짧은뜨기 8, (늘리기, 짧은뜨기 1)×7, 늘리기, 짧은뜨기 27 [58코]
19-30단 짧은뜨기 58 [58코]
31단 (줄이기, 짧은뜨기 10)×3, 줄이기, 짧은뜨기 20 [54코]
32단 짧은뜨기 54 [54코]
22-23단 사이에 약 24코의 간격을 두고 나사형 인형눈을 끼웁니다.
눈 아래에 파스텔핑크색 실로 뺨(볼)을 수놓습니다.
33단 (짧은뜨기 7, 줄이기)×6 [48코]
34단 (짧은뜨기 6, 줄이기)×6 [42코]
35단 (짧은뜨기 5, 줄이기)×6 [36코]
36단 (짧은뜨기 4, 줄이기)×6 [30코]
머리에 솜을 탄탄하게 채웁니다.
37단 (짧은뜨기 3, 줄이기)×6 [24코]
38단 (짧은뜨기 2, 줄이기)×6 [18코]
39단 (짧은뜨기 1, 줄이기)×6 [12코]
40단 (줄이기)×6 [6코]
실을 길게 남기고 자른 뒤 마무리를 합니다. 남긴 실을 돗바늘에 꿰어 남은 각 코의 앞고리에 통과시킨 뒤 세게 잡아당겨서 구멍을 막습니다. 실 끝을 보이지 않게 정리합니다.

몸통

(밍크브라운색 실로 시작)

실을 길게 남기고 시작합니다. 사슬뜨기 30
사슬코가 꼬이지 않도록 주의하면서, 첫 사슬코에 코바늘을 넣어 빼뜨기를 하여 기초사슬코를 원으로 만듭니다.
계속해서 나선형뜨기를 합니다.

1-2단 짧은뜨기 30 [30코]

계속해서 오프화이트색과 노란색 실로 자카드 무늬뜨기를 합니다. 각 부분이 시작되기 전에 색깔이 제시되어 있어요.

주의 다음 단에서 '½ 늘리기'를 하는데, 늘리기에서 첫 코는 기존 색으로 뜨고 두 번째 코는 다른 색으로 뜹니다.

3단 ((노란색) 짧은뜨기 4, ½ 늘리기, (오프화이트) ½ 늘리기)×6 [36코]

4단 (오프화이트) 짧은뜨기 1, ((노란색) 짧은뜨기 3, (오프화이트) 짧은뜨기 3)×5, (노란색) 짧은뜨기 3, (오프화이트) 짧은뜨기 2 [36코]

5단 (오프화이트) (짧은뜨기 5, 늘리기)×6 [42코]

6단 ((오프화이트) 짧은뜨기 4, (노란색) 짧은뜨기 3)×6 [42코]

7단 (오프화이트) 짧은뜨기 3, ((노란색) 짧은뜨기 5, (오프화이트) 짧은뜨기 2)×5, (노란색) 짧은뜨기 4 [42코]

8단 (노란색) 짧은뜨기 1, ((오프화이트) 짧은뜨기 2, (노란색) 짧은뜨기 5)×5, (오프화이트) 짧은뜨기 2, (노란색) 짧은뜨기 4 [42코]

9단 (노란색) 짧은뜨기 1, (오프화이트) 짧은뜨기 1, 늘리기, ((노란색) 짧은뜨기 5, (오프화이트) 짧은뜨기 1, 늘리기)×5, (노란색) 짧은뜨기 4 [48코]

10단 (노란색) 짧은뜨기 1, (오프화이트) 짧은뜨기 4, ((노란색) 짧은뜨기 3, (오프화이트) 짧은뜨기 5)×5, (노란색) 짧은뜨기 3 [48코]

11단 (오프화이트) 짧은뜨기 48 [48코]

12단 (오프화이트) 짧은뜨기 1, ((노란색) 짧은뜨기 3, (오프화이트) 짧은뜨기 5)×5, (노란색) 짧은뜨기 3, (오프화이트) 짧은뜨기 4 [48코]

13단 ((노란색) 짧은뜨기 5, (오프화이트) 짧은뜨기 1, 늘리기, 짧은뜨기 1)×5, (노란색) 짧은뜨기 5, (오프화이트) 짧은뜨기 1, 늘리기, 짧은뜨기 1 [54코]

14-15단 ((노란색) 짧은뜨기 5, (오프화이트) 짧은뜨기 4)×5, (노란색) 짧은뜨기 5, (오프화이트) 짧은뜨기 4 [54코]

16단 (오프화이트) 짧은뜨기 1, ((노란색) 짧은뜨기 3, (오프화이트) 짧은뜨기 6)×5, (노란색) 짧은뜨기 3, (오프화이트) 짧은뜨기 5 [54코]

17단 (오프화이트) (짧은뜨기 8, 늘리기)×6 [60코]

밍크브라운 실로 바꿉니다.

18단 뒷고리에만 짧은뜨기 60 [60코]

19-26단 짧은뜨기 60 [60코]

27단 (짧은뜨기 8, 줄이기)×6 [54코]

28-31단 짧은뜨기 54 [54코]

32단 (짧은뜨기 7, 줄이기)×6 [48코]

33-36단 짧은뜨기 48 [48코]

실을 마무리하지 않습니다.

다리

다리를 만들기 위해 코를 나눕니다. 다리 하나에 20코씩, 두 다리 사이 공간을 위해 앞쪽에 4코, 뒤쪽에 4코로 나눕니다(이때 스티치마커를 사용하면 편리합니다). 뒤쪽 다리에 표시된 코를 앞쪽에 표시된 코와 짧은뜨기로 연결합니다(이 짧은뜨기는 다리의 첫 번째 코가 됩니다). 이제 첫 번째 다리의 코들이 원형으로 연결되었습니다. 계속해서 첫 번째 다리를 뜹니다.

37-46단 짧은뜨기 20 [20코]
몸통과 다리에 솜을 탄탄하게 채웁니다.
47단 (짧은뜨기 2, 줄이기)×5 [15코]
48단 (짧은뜨기 1, 줄이기)×5 [10코]
49단 (줄이기)×5 [5코]
실을 길게 남기고 자른 뒤 마무리를 합니다. 남긴 실을 돗바늘에 꿰어 남은 각 코의 앞고리에 통과시킨 뒤, 세게 잡아당겨서 구멍을 막습니다. 실 끝을 보이지 않게 정리합니다.

두 번째 다리

36단의 뒤쪽에서 뜨지 않은 다섯 번째 코에 밍크브라운색 실을 다시 연결합니다. 여기에서 두 번째 다리의 첫 번째 코를 시작합니다. 시작하는 실을 길게 남깁니다.
37단 짧은뜨기 20, 스무 번째 코에 이르면 첫 번째 코에서 짧은뜨기를 하여 원형으로 연결합니다 [20코]
38-49단 첫 번째 다리와 같은 방식으로 뜹니다.
두 번째 다리에 솜을 탄탄하게 채우고 필요하면 몸통에도 솜을 더 채웁니다. 시작하며 남긴 실을 돗바늘에 꿰어 두 다리 사이의 4코를 꿰매어 막습니다. 몸통을 머리의 19-30단 사이에 꿰매어 붙입니다.

겉귀

(2개, 밍크브라운색, 원형뜨기)

1단 실고리로 원형코 만들기, 짧은뜨기 6 [6코]
2단 (늘리기)×6 [12코]
3단 (짧은뜨기 1, 늘리기)×6 [18코]
4-10단 짧은뜨기 18 [18코]
실을 길게 남기고 자른 뒤 마무리를 합니다.

속귀

(2개, 파스텔핑크색, 원형뜨기)

1단 실고리로 원형코 만들기, 짧은뜨기 8 [8코]
실을 길게 남기고 자른 뒤 마무리를 합니다. 속귀를 겉귀 안쪽의 가운데 5-8단 사이에 꿰매어 붙입니다. 귀를 편평하게 펴고 끝단을 반으로 접고 3코를 꿰맵니다. 귀를 정수리 28-32단 사이에 꿰매어 붙입니다.

팔

(2개, 밍크브라운색 실로 시작, 원형뜨기)

1단 실고리로 원형코 만들기, 짧은뜨기 5 [5코]
2단 (늘리기)×5 [10코]
3단 (짧은뜨기 1, 늘리기)×5 [15코]
4-5단 짧은뜨기 15 [15코]
6단 짧은뜨기 1, 한길긴뜨기 5코 구슬뜨기, 짧은뜨기 13 [15코]
7-16단 짧은뜨기 15 [15코]
오프화이트색 실로 바꿉니다.
17단 짧은뜨기 15 [15코]
계속해서 노란색 1단, 오프화이트색 2단으로 스트라이프 패턴을 뜹니다.
18-23단 짧은뜨기 15 [15코]
24단 (짧은뜨기 1, 줄이기)×5 [10코]
실을 길게 남기고 자른 뒤 마무리를 합니다. 팔에 솜을 채웁니다. 두 팔을 몸통의 양옆 3-4단 사이에 꿰매어 붙입니다.

바지

(은은한 녹색)
바지는 직사각형 두 조각을 연결하여 만듭니다.

직사각형

(2개, 은은한 녹색)

사슬뜨기 25, 평면뜨기를 합니다.
1단 코바늘에서 두 번째 코부터 시작, 빼뜨기 6, 긴뜨기빼뜨기 18, 사슬뜨기 1, 방향 바꾸기 [24코]
2단 뒷고리에만 긴뜨기빼뜨기 18, 빼뜨기 6, 사슬뜨기 1, 방향 바꾸기 [24코]
3단 뒷고리에만 빼뜨기 6, 긴뜨기빼뜨기 18, 사슬뜨기 1, 방향 바꾸기 [24코]
4-31단 2-3단을 반복합니다.
실을 길게 남기고 자른 뒤 마무리를 합니다.

연결하기

사진과 같이 직사각형 두 조각을 겉면이 바깥으로 나오도록 하여 가장자리를 맞춥니다. 남긴 실을 돗바늘에 꿰어 상부의 18코를 꿰매어 연결합니다(하단의 빼뜨기 6코 부분은 아직 꿰매지 않아요).

주의 저는 매트리스 스티치로 꿰매어 연결하지만, 다른 기법을 사용해도 됩니다.

편물을 안쪽 면이 바깥으로 나오도록 뒤집습니다. 첫 번째 직사각형을 길게 반으로 접고 실을 돗바늘에 꿰어 빼뜨기 6코 부분을 연결하여 첫 번째 다리를 만듭니다.

실을 자르고 마무리를 한 뒤, 실 끝을 보이지 않게 정리합니다.

이제 두 번째 직사각형을 길게 반으로 접고 윗부분의 18코와 두 번째 다리의 빼뜨기 6코까지 한 번에 연결합니다.

실을 자르고 마무리를 한 뒤, 실 끝을 보이지 않게 정리합니다.

허리밴드
(은은한 녹색)

바지 뒤쪽의 단 끝에서 은은한 녹색 실을 연결합니다.

1단 (단의 옆면을 따라 짧은뜨기 29, 줄이기)×2 [60코]
2-5단 짧은뜨기 60 [60코]
6단 빼뜨기 60 [60코]

실을 자르고 마무리를 한 뒤, 실 끝을 보이지 않게 정리합니다.

카디건

(크림색)

사슬뜨기 44, 평면뜨기를 합니다.

주의 각 단 끝의 사슬 2코는 기둥코이며 긴뜨기 코로 계산하지 않습니다.

1단 코바늘에서 세 번째 코부터 시작, 긴뜨기 42, 사슬뜨기 2, 방향 바꾸기 [42코]
2단 긴뜨기 6, 긴뜨기늘리기, 사슬뜨기 9, 7코 건너뛰기, 긴뜨기 14, 사슬뜨기 9, 7코 건너뛰기, 긴뜨기늘리기, 긴뜨기 6, 사슬뜨기 2, 방향 바꾸기 [48코]
3단 긴뜨기 48, 사슬뜨기 2, 방향 바꾸기 [48코]
4단 (긴뜨기 7, 긴뜨기늘리기)×6, 사슬뜨기 2, 방향 바꾸기 [54코]
5-6단 긴뜨기 54, 사슬뜨기 2, 방향 바꾸기 [54코]
7단 (긴뜨기 8, 긴뜨기늘리기)×6, 사슬뜨기 2, 방향 바꾸기 [60코]
8단 긴뜨기 60, 사슬뜨기 1, 방향 바꾸기 [60코]

카디건의 가장자리를 따라 다음과 같이 짧은뜨기를 합니다. 허리밴드 부분 짧은뜨기 59, 마지막 코에 짧은뜨기 3, 단의 옆면을 따라 올라가며 짧은뜨기 약 12, 다음 코에 짧은뜨기 3(네크라인의 한쪽 코너), 네크라인에서 짧은뜨기 41, 마지막 코에 짧은뜨기 3, 반대쪽 단의 옆면을 따라 내려오며 짧은뜨기 약 12, 마지막 코에 짧은뜨기 3

실을 자르고 마무리를 한 뒤, 실 끝을 보이지 않게 정리합니다.

소매

카디건의 겉면을 앞에 놓고, 진동둘레의 오른쪽 아래 코에 크림색 실을 다시 연결합니다. 사슬뜨기 2를 합니다.

1단 긴뜨기 9, 진동둘레의 옆 기둥(긴뜨기 옆면)에서 짧은뜨기 2, 짧은뜨기 7, 진동둘레의 옆 기둥(긴뜨기 옆면)에서 짧은뜨기 2 [20코]
2단 긴뜨기 20 [20코]
3단 (긴뜨기 1, 긴뜨기늘리기)×10 [30코]
4-6단 긴뜨기 30 [30코]
7단 (긴뜨기 1, 줄이기)×10 [20코]
8단 긴뜨기 20 [20코]
9단 사슬뜨기 1, 되돌아짧은뜨기 20 [20코]

다음 코에서 빼뜨기, 실을 자르고 마무리한 뒤 실 끝을 보이지 않게 정리합니다.

털실 방울 또는 폼폼 달기
(노란색 핑거링 실, 코바늘 B-1/2㎜ 사용)

카디건을 겉면을 앞으로 하여 거꾸로 들고, 밑단 오른쪽 구석에서 노란색 핑거링 실을 연결합니다.

첫 번째 폼폼 방울 사슬뜨기 5, 코바늘에서 세 번째 코에 한길긴뜨기 4코 구슬뜨기, 사슬뜨기 3, 코바늘에서 세 번째 코에서 한길긴뜨기 4코 구슬뜨기, 시작한 사슬의 세 번째 사슬코에 빼뜨기를 하여 방울 2개를 연결합니다. 사슬뜨기 2, 사슬 5코가 시작한 첫 코에 빼뜨기 1
실을 마무리하지 말고 계속해서 다음 폼폼 방울을 만듭니다.

다음 폼폼 방울 (사슬뜨기 5, 코바늘에서 세 번째 코에 한길긴뜨기 4코 구슬뜨기, 사슬뜨기 3, 코바늘에서 세 번째 코에 한길긴뜨기 4코 구슬뜨기, 시작한 사슬의 세 번째 사슬코에 빼뜨기를 하여 방울 2개 연결, 사슬뜨기 2, 2코 건너뛰기, 빼지기)단의 끝까지 반복합니다. [방울 약 22개 코]

실을 자르고 마무리를 한 뒤 실 끝을 보이지 않게 정리합니다.

고슴도치 메이블

메이블은 유치원 선생님입니다. 여러분은 요정처럼 옷을 입고(운 좋게도 하마 페기가 친구예요) 온종일 웃으며 노래하는 메이블을 보게 될지도 몰라요. 그러면 '아! 메이블은 참 편하고 재미있는 직업을 갖고 있구나'라고 생각하게 될 수도 있습니다. 이 생각은 반만 맞아요. 사실 유치원 선생님은 정말 재미있지만 결코 편한 직업은 아니랍니다. 어린 친구들의 선생님은 세상에서 정말 중요한 직업 중 하나입니다. 꼬마들에게 숫자와 글자의 의미를 이해시켜야 할 뿐만 아니라 순서 지키기, 또래 친구들과 대화 나누기, 감정 조절 같은 사회성 기술을 가르치는 힘든 일도 해야 합니다. 또 메이블은 훌륭한 다트 선수입니다. 다트는 2년 전에 친구인 앵거스와 함께 시작했는데 금세 프로 선수가 되었답니다. 다트 게임은 감정 관리를 연습하는 훌륭한 방법이에요.

QR코드를 스캔하면 다양한 피카파우 친구들을 만날 수 있습니다.

난이도 ★★

키
20cm(제시된 실로 떴을 때, 머리카락 포함)

재료
- 우스티드 실:
  올리브색, 크림색,
  틸그린색(청동오리색),
  은은한 녹색, 파스텔핑크색,
  검은색 약간,
  머스터드옐로색, 연분홍색
- 코바늘 C-2(2.75mm)
- 검은색 나사형 인형눈(8mm)
- 돗바늘
- 솜

필요한 기술 실고리로 원형코 만들기(32쪽), 원형단 시작할 때 색깔 바꾸기(35쪽), 단 중간에 색깔 바꾸기(35쪽), 몸통을 두 부분으로 나누기(47쪽), 자수(38쪽), 연결하기(39쪽), 자카드 무늬뜨기(36쪽)

주의 머리와 몸통을 하나로 뜹니다.

뺨(볼)

(2개, 파스텔핑크색, 원형뜨기)
1단 실고리로 원형코 만들기, 짧은뜨기 8 [8코]
첫 코에 빼뜨기
실을 길게 남기고 자른 뒤 마무리를 합니다.

주둥이

(크림색, 원형뜨기)
1단 실고리로 원형코 만들기, 짧은뜨기 5 [5코]
2단 (늘리기)×5 [10코]
3-5단 짧은뜨기 10 [10코]
6단 (짧은뜨기 4, 늘리기)×2 [12코]
실을 길게 남기고 자른 뒤 마무리를 합니다. 검은색 실로 코와 입을 수놓습니다.

머리와 몸통

(올리브색 실로 시작)
1단 실고리로 원형코 만들기, 짧은뜨기 6 [6코]
2단 (늘리기)×6 [12코]
3단 (짧은뜨기 1, 늘리기)×6 [18코]
4단 (짧은뜨기 2, 늘리기)×6 [24코]
5단 (짧은뜨기 3, 늘리기)×6 [30코]
6단 (짧은뜨기 4, 늘리기)×6 [36코]
7단 (짧은뜨기 5, 늘리기)×6 [42코]
8단 (짧은뜨기 6, 늘리기)×6 [48코]
9단 (짧은뜨기 7, 늘리기)×6 [54코]
10단 (짧은뜨기 8, 늘리기)×6 [60코]
계속해서 올리브색과 크림색 실을 번갈아 사용하여 뜹니다. 각 부분이 시작되기 전에 색깔이 제시되어 있어요.
11단 (올리브색) 짧은뜨기 21, (크림색) 짧은뜨기 18, (올리브색) 짧은뜨기 21 [60코]
12단 (올리브색) 짧은뜨기 20, (크림색) 짧은뜨기 20, (올리브색) 짧은뜨기 20 [60코]
13단 (올리브색) 짧은뜨기 19, (크림색) 짧은뜨기 22, (올리브색) 짧은뜨기 19 [60코]

14-20단 (올리브색) 짧은뜨기 18, (크림색) 짧은뜨기 24, (올리브색) 짧은뜨기 18 [60코]

주둥이를 14-18단 사이, 크림색 부분 가운데에 꿰매어 붙이는데, 완전히 꿰매기 전에 솜을 채워야 합니다. 16-17단 사이에 주둥이에서 3코 간격을 두고 나사형 인형눈을 끼웁니다. 뺨(볼)을 인형눈 아래에 꿰매어 붙입니다.

계속해서 오른쪽 그림 도안을 따라 은은한 녹색과 틸그린색 실을 번갈아 사용하여 자카드 무늬뜨기를 합니다.

21-32단 짧은뜨기 60 [60코]

계속해서 올리브색과 크림색 실을 번갈아 사용하여 뜹니다. 각 부분이 시작되기 전에 색깔이 제시되어 있어요.

주의 이후 단에서는 크림색으로 배 부분을 뜹니다. 크림색 배 부분이 크림색 얼굴과 나란하지 않으면 올리브색 코를 더 뜨거나 풀어야 합니다.

33단 뒷고리에만 (올리브색) 짧은뜨기 24, (크림색) 짧은뜨기 15, (올리브색) 짧은뜨기 21 [60코]

34단 (올리브색) 짧은뜨기 24, (크림색) 짧은뜨기 15, (올리브색) 짧은뜨기 21 [60코]

35단 (올리브색) 짧은뜨기 25, (크림색) 짧은뜨기 13, (올리브색) 짧은뜨기 22 [60코]

계속해서 올리브색으로 뜹니다.

36-37단 짧은뜨기 60 [60코]
38단 (짧은뜨기 8, 줄이기)×6 [54코]
39단 (짧은뜨기 7, 줄이기)×6 [48코]
40단 (짧은뜨기 6, 줄이기)×6 [42코]
41단 짧은뜨기 42 [42코]

실을 마무리하지 않습니다.

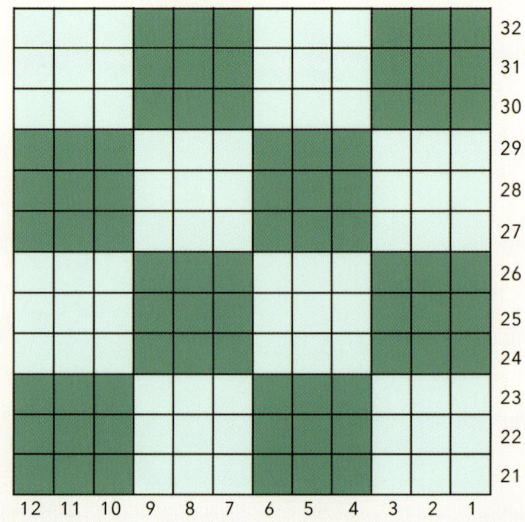

다리

다리를 만들기 위해 코를 나눕니다. 다리 하나에 15코씩, 두 다리 사이 공간을 위해 앞쪽에 6코, 뒤쪽에 6코로 나눕니다(이때 스티치마커를 사용하면 편리합니다). 두 다리와 머리가 나란하지 않으면 몸통에서 짧은뜨기를 더 뜨거나 코를 풀어 나란하게 맞춥니다. 뒤쪽 다리에 표시된 첫 코를 앞쪽에 표시된 코와 짧은뜨기로 연결합니다(이 짧은뜨기는 다리의 첫 번째 코가 됩니다). 이제 첫 번째 다리의 코들이 원형으로 연결되었습니다. 계속해서 첫 번째 다리를 뜹니다.

42-43단 짧은뜨기 15 [15코]
44단 (짧은뜨기 3, 줄이기)×3 [12코]
45-47단 짧은뜨기 12 [12코]
48단 (줄이기)×6 [6코]

실을 길게 남기고 자른 뒤 마무리를 합니다. 남긴 실을 돗바늘에 꿰어 남은 각 코의 앞고리에 통과시킨 뒤, 세게 잡아당겨서 구멍을 막습니다. 실 끝을 보이지 않게 정리합니다. 몸통과 다리에 솜을 탄탄하게 채웁니다.

두 번째 다리

41단의 뒤쪽에서 뜨지 않은 일곱 번째 코에 올리브색 실을 다시 연결합니다. 여기에서 두 번째 다리의 첫 번째 코를 시작합니다. 시작하는 실을 길게 남깁니다.

42단 짧은뜨기 15, 열다섯 번째 코에 이르면 첫 번째 코에서 짧은뜨기를 하여 원형으로 연결합니다 [15코]

43-48단 첫 번째 다리와 같은 방식으로 뜹니다.

두 번째 다리에 솜을 탄탄하게 채우고 필요하면 몸통에도 솜을 더 채웁니다. 시작하며 남긴 실을 돗바늘에 꿰어 두 다리 사이의 6코를 꿰매어 막습니다.

팔

(2개, 올리브색, 원형뜨기)

1단 실고리로 원형코 만들기, 짧은뜨기 6 [6코]
2단 짧은뜨기 6 [6코]
3단 (짧은뜨기 2, 늘리기)×2 [8코]
4단 짧은뜨기 8 [8코]
5단 (짧은뜨기 3, 늘리기)×2 [10코]
6-13단 짧은뜨기 10 [10코]

실을 길게 남기고 자른 뒤 마무리를 합니다. 팔에 솜을 채웁니다. 두 팔을 몸통의 양옆 22-23단 사이에 꿰매어 붙입니다.

귀

(2개, 크림색, 원형뜨기)

1단 실고리로 원형코 만들기, 짧은뜨기 8 [8코]
2-4단 짧은뜨기 8 [8코]

실을 길게 남기고 자른 뒤 마무리를 합니다. 귀에는 솜을 채우지 않아요. 귀를 편평하게 펴고 정수리 10-13단 사이에 크림색 부분에서 2코 간격을 두고 꿰매어 붙입니다.

머리카락

(올리브색)

코바늘을 몸통의 20단, 크림색 얼굴 부분 바로 옆에 코바늘을 넣어 올리브색 실 고리를 잡아 뺍니다.

1단 크림색 얼굴 조각의 둘레를 돌아가며 올리브색 코에서 (사슬뜨기 4, 코바늘에서 두 번째 코부터 시작하여 빼뜨기 3, 머리의 옆 코에 빼뜨기 1)을 반복합니다. 크림색 얼굴 조각의 아래쪽에 이르면, 편물의 방향을 바꾸어 반대 방향으로 머리의 모든 올리브색 코에서 1단을 반복하여 머리털 만들기를 계속합니다.

스커트

(머스터드옐로색 실로 시작)

사슬뜨기 56, 코가 꼬이지 않도록 주의하면서 코바늘을 첫 사슬코에 넣어 빼뜨기를 하여 기초사슬코를 연결합니다. 계속해서 나선형뜨기를 합니다.

1단 짧은뜨기 56 [56코]
2단 (짧은뜨기 6, 늘리기)×8 [64코]
3단 짧은뜨기 64 [64코]
4단 (짧은뜨기 7, 늘리기)×8 [72코]
5단 짧은뜨기 72 [72코]
6단 (짧은뜨기 8, 늘리기)×8 [80코]
7단 짧은뜨기 80 [80코]

연분홍색 실로 바꿉니다.

8단 (짧은뜨기 1, 1코 건너뛰기, 1코에 한길긴뜨기 5, 1코 건너뛰기)×20 [120코]
9단 빼뜨기 120 [120코]

실을 자르고 마무리한 뒤, 실 끝을 보이지 않게 정리합니다.

허리밴드

(머스터드옐로색)

스커트 1단의 첫 코에 머스터드옐로색 실을 다시 연결합니다.

1단 짧은뜨기 56 [56코]
2단 빼뜨기 56 [56코]

실을 자르고 마무리를 한 뒤, 실 끝을 보이지 않게 정리합니다.

요정 날개

단추(머스터드옐로색 실로 시작, 원형뜨기)

1단 실고리로 원형코 만들기, 짧은뜨기 6 [6코]

크림색 실로 바꿉니다.

2단 (늘리기)×6 [12코]

계속해서 머스터드옐로색과 크림색 실로 단마다 색깔을 바꾸어 스트라이프 패턴을 뜹니다.

3단 (짧은뜨기 1, 늘리기)×6 [18코]
4-5단 짧은뜨기 18 [18코]
6단 (짧은뜨기 1, 줄이기)×6 [12코]
7단 (줄이기)×6 [6코]

실을 길게 남기고 자른 뒤 마무리를 합니다. 단추에는 솜을 채우지 않아요. 남긴 실을 돗바늘에 꿰어 남은 각 코의 앞고리에 통과시킨 뒤 세게 잡아당겨서 구멍을 막습니다.

날개

(2개, 은은한 녹색, 원형뜨기)

1단 실고리로 원형코 만들기, 짧은뜨기 5 [5코]
2단 (늘리기)×5 [10코]
3단 (짧은뜨기 1, 늘리기)×5 [15코]
4단 (짧은뜨기 2, 늘리기)×5 [20코]
5-6단 짧은뜨기 20 [20코]
7단 (짧은뜨기 8, 줄이기)×2 [18코]
8-9단 짧은뜨기 18 [18코]
10단 (짧은뜨기 7, 줄이기)×2 [16코]
11-12단 짧은뜨기 16 [16코]
13단 (짧은뜨기 6, 줄이기)×2 [14코]

14-15단 짧은뜨기 14 [14코]
16단 (짧은뜨기 5, 줄이기)×2 [12코]
17-19단 짧은뜨기 12 [12코]
20단 (줄이기)×6 [6코]

실을 길게 남기고 자른 뒤 마무리를 합니다. 날개에는 솜을 채우지 않아도 됩니다. 틸그린색 실로 날개에 장식을 수놓습니다. 날개를 편평하게 펴고 단추의 뒷면에 꿰매어 붙입니다.

끈

(연분홍색)

사슬뜨기 42, 코가 꼬이지 않도록 주의하면서 코바늘을 첫 사슬코에 넣어 빼뜨기를 하여 기초사슬코를 연결합니다.

다시 사슬뜨기 42, 코가 꼬이지 않도록 주의하면서 코바늘을 첫 사슬코에 넣어 빼뜨기를 하여 두 번째 기초사슬코를 연결합니다. 이제 2개의 기초사슬코는 8자 모양이 되었습니다.

1단 기초사슬코 모든 코에 빼뜨기 84 [84코]

실을 자르고 마무리를 합니다. 기초사슬코 2개가 교차하는 곳에 날개를 꿰매어 붙입니다. 실 끝을 보이지 않게 정리합니다.

나방 인디애나

인디애나는 정말 멋진 직업을 갖고 있는데, 바로 문서기록 보관사입니다. 어떤 사람은 그 직업이 별로 매력적이지 않다고 생각할 수도 있고, 인디애나의 종족이 물건을 잘 보관하기로 유명한 종족도 아닙니다. 하지만 바로 그런 이유 때문에 그녀는 오랜 시간을 공부했고 가치 있는 사물들을 수집, 정리하고 보존하는 전문가가 되었을 겁니다. 자기 분야의 최고 전문가인 인디애나는 고고학자인 용 거트루드와 함께 협업하는 사이입니다. 거트루드가 아주 오래된 필사본을 발견하면, 인디애나는 현장으로 날아가서 발견된 기록이 잘 보존되도록 조치를 취합니다. 인디애나가 작업하면 기록이 유실되거나 손상되는 일은 절대 없어요. 그들은 아주 친한 사이가 되었고, 여름휴가도 함께 보낼 계획을 세우고 있습니다. 하지만 모험을 할지 아니면 그냥 해변에서 휴식을 취할지는 아직 정하지 못했어요.

 QR코드를 스캔하면 다양한 피카파우 친구들을 만날 수 있습니다.

난이도 ★

키
36cm(제시된 실로 떴을 때, 더듬이 포함)

재료
- 우스티드 실: 크림색, 청회색, 연분홍색, 번트오렌지색, 파스텔핑크색, 흑연색, 검은색 약간
- 코바늘 C-2(2.75mm)
- 검은색 타원 나사형 인형눈(12mm)
- 돗바늘
- 솜

필요한 기술 실고리로 원형코 만들기(32쪽), 기초사슬코로 타원형 뜨기(34쪽), 몸통을 두 부분으로 나누기(47쪽), 자카드 무늬뜨기(36쪽), 바스켓 스파이크 뜨기(29쪽), 연결하기(39쪽), 자수(38쪽)

주의 머리와 몸통을 하나로 뜹니다.

뺨(볼)

(2개, 파스텔핑크색, 원형뜨기)
1단 실고리로 원형코 만들기, 짧은뜨기 8 [8코]
첫 코에 빼뜨기, 실을 길게 남기고 자른 뒤 마무리를 합니다.

머리와 몸통

(크림색 실로 시작, 원형뜨기)
1단 실고리로 원형코 만들기, 짧은뜨기 6 [6코]
2단 (늘리기)×6 [12코]
3단 (짧은뜨기 1, 늘리기)×6 [18코]
4단 (짧은뜨기 2, 늘리기)×6 [24코]
5단 (짧은뜨기 3, 늘리기)×6 [30코]
6단 (짧은뜨기 4, 늘리기)×6 [36코]
7단 (짧은뜨기 5, 늘리기)×6 [42코]
8단 (짧은뜨기 6, 늘리기)×6 [48코]
9-14단 짧은뜨기 48 [48코]
15단 (짧은뜨기 2, 줄이기)×12 [36코]
16단 (짧은뜨기 4, 줄이기)×6 [30코]
12-13단 사이에 검은색 실로 입을 수놓습니다. 입을 수놓는 위치는 원형단이 시작하는 곳의 반대편이어야 합니다. 11-12단 사이에 입에서 2코 간격을 두고 나사형 인형눈을 끼웁니다.
뺨(볼)을 인형눈 아래에 꿰매어 붙입니다.
17단 (늘리기)×30 [60코]
머리에 솜을 채우고 계속 뜨면서 채웁니다.
청회색 실로 바꿉니다.
18단 (뒷고리에만 짧은뜨기 1, 스파이크 짧은뜨기 1)×30 [60코]
크림색 실로 바꿉니다.
19단 (스파이크 짧은뜨기 1, 뒷고리에만 짧은뜨기 1)×30 [60코]
계속해서 청회색과 크림색 실로 단마다 색깔을 바꾸어 스트라이프 패턴을 뜹니다.
20-25단 18-19단을 반복합니다.
파스텔핑크색 실로 바꿉니다.

26단 (짧은뜨기 1, 줄이기)×20 [40코]
계속해서 121쪽의 그림 도안을 따라 파스텔핑크색과 연분홍색,
번트 오렌지색, 청회색 실로 자카드 무늬뜨기를 합니다.
27-42단 짧은뜨기 40 [40코]
계속해서 크림색과 청회색 실로 단마다 색깔을 바꾸어 스트라이프 패턴을
뜹니다.
43단 (짧은뜨기 8, 줄이기)×4 [36코]
44단 짧은뜨기 36 [36코]
45단 (짧은뜨기 4, 줄이기)×6 [30코]
46단 짧은뜨기 30 [30코]
47단 (짧은뜨기 3, 줄이기)×6 [24코]
48단 짧은뜨기 24 [24코]
49단 (짧은뜨기 2, 줄이기)×6 [18코]
50단 (짧은뜨기 1, 줄이기)×6 [12코]
계속해서 청회색 실로 뜹니다. 필요하면 몸통에 솜을 더 채웁니다.
51단 (줄이기)×6 [6코]
실을 길게 남기고 자른 뒤, 마무리를 합니다. 남긴 실을 돗바늘에 꿰어 남은
각 코의 앞고리에 통과시킨 뒤 세게 잡아당겨서 구멍을 막습니다. 실 끝을
보이지 않게 정리합니다.

팔

(2개, 청회색, 원형뜨기)
1단 실고리로 원형코 만들기, 짧은뜨기 7 [7코]
2-14단 짧은뜨기 7 [7코]
실을 길게 남기고 자른 뒤 마무리를 합니다. 팔에 솜을 가볍게 채웁니다.
두 팔을 몸통의 양옆 26-27단 사이에 꿰매어 붙입니다.

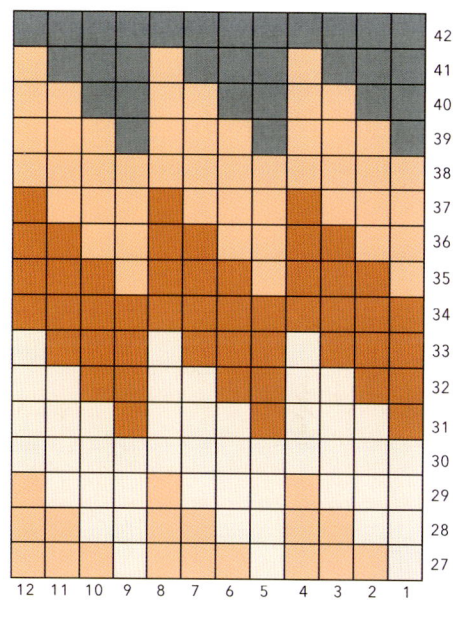

다리

(2개, 청회색, 원형뜨기)
1단 실고리로 원형코 만들기, 짧은뜨기 7 [7코]
2-22단 짧은뜨기 7 [7코]
실을 길게 남기고 자른 뒤 마무리를 합니다. 다리에 솜을 가볍게 채웁니다. 두 다리를 몸통의 양옆 41-42단 사이에 꿰매어 붙입니다.

부츠

(2개, 흑연색)
사슬뜨기 6, 기초사슬코의 양쪽에 타원형 뜨기를 합니다.
1단 코바늘에서 두 번째 코부터 시작, 늘리기, 짧은뜨기 3, 마지막 코에 짧은뜨기 4, 계속해서 기초사슬코의 반대쪽에 뜹니다. 짧은뜨기 3, 늘리기 [14코]
2단 (늘리기)×2, 짧은뜨기 4, (늘리기)×3, 짧은뜨기 4, 늘리기 [20코]
3단 뒷고리에만 짧은뜨기 9, (줄이기)×2, 짧은뜨기 7 [18코]

4단 짧은뜨기 6, (줄이기)×4, 짧은뜨기 4 [14코]
5단 짧은뜨기 6, (줄이기)×2, 짧은뜨기 4 [12코]
6-7단 짧은뜨기 12 [12코]
8단 빼뜨기 12 [12코]

실을 자르고 마무리를 한 뒤 실 끝을 보이지 않게 정리합니다. 3단의 마지막 앞고리에 흑연색 실을 연결하고 앞고리에만 빼뜨기 20, 실을 자르고 마무리를 한 뒤, 실 끝을 보이지 않게 정리합니다.

날개

(2개, 크림색 실로 시작, 원형뜨기)

실을 길게 남기고 시작합니다.

1단 실고리로 원형코 만들기, 짧은뜨기 6 [6코]
2단 (늘리기)×6 [12코]
3단 짧은뜨기 12 [12코]
4단 (짧은뜨기 2, 늘리기)×4 [16코]
5단 짧은뜨기 16 [16코]
6단 (짧은뜨기 3, 늘리기)×4 [20코]
7단 짧은뜨기 20 [20코]
8단 (짧은뜨기 4, 늘리기)×4 [24코]
9단 짧은뜨기 24 [24코]
10단 (짧은뜨기 5, 늘리기)×4 [28코]
11단 짧은뜨기 28 [28코]
12단 (짧은뜨기 6, 늘리기)×4 [32코]

계속해서 하단의 그림 도안을 따라 크림색과 파스텔핑크색, 번트오렌지색 실을 이용하여 자카드 무늬뜨기를 합니다.

13-20단 짧은뜨기 32 [32코]

번트오렌지색 실로 바꿉니다.

21단 짧은뜨기 14, (줄이기)×2, 짧은뜨기 14 [30코]
22단 짧은뜨기 30 [30코]
23단 짧은뜨기 13, (줄이기)×2, 짧은뜨기 13 [28코]
24단 짧은뜨기 28 [28코]
25단 짧은뜨기 12, (줄이기)×2, 짧은뜨기 12 [26코]
26단 짧은뜨기 26 [26코]
27단 짧은뜨기 11, (줄이기)×2, 짧은뜨기 11 [24코]
28단 짧은뜨기 24 [24코]
29단 (짧은뜨기 4, 줄이기)×4 [20코]
30단 (짧은뜨기 3, 줄이기)×4 [16코]
31단 (짧은뜨기 2, 줄이기)×4 [12코]
32단 (줄이기)×6 [6코]

실을 길게 남기고 자른 뒤 마무리를 합니다. 날개에는 솜을 채우지 않아요. 날개를 편평하게 펴서 20-24단 사이의 등에 꿰매어 붙입니다.
파스텔핑크색 실로 지름 5㎝의 폼폼을 만들어서 날개 사이, 20-22단 위 등에 꿰매어 붙입니다.

더듬이

(2개, 청회색, 원형뜨기)

1단 실고리로 원형코 만들기, 짧은뜨기 6 [6코]
2단 짧은뜨기 6 [6코]
3단 (짧은뜨기 1, 늘리기)×3 [9코]
4-5단 짧은뜨기 9 [9코]
6단 (짧은뜨기 2, 늘리기)×3 [12코]
7-8단 짧은뜨기 12 [12코]
9단 (짧은뜨기 3, 늘리기)×3 [15코]
10-13단 짧은뜨기 15 [15코]
14단 (짧은뜨기 1, 줄이기)×5 [10코]
15단 짧은뜨기 10 [10코]
16단 (짧은뜨기 3, 줄이기)×2 [8코]

실을 길게 남기고 자른 뒤 마무리를 합니다. 더듬이에는 솜을 채우지 않아요. 더듬이에 크림색 실로 장식을 수놓습니다. 더듬이를 편평하게 펴서 정수리에 꿰매어 붙입니다.

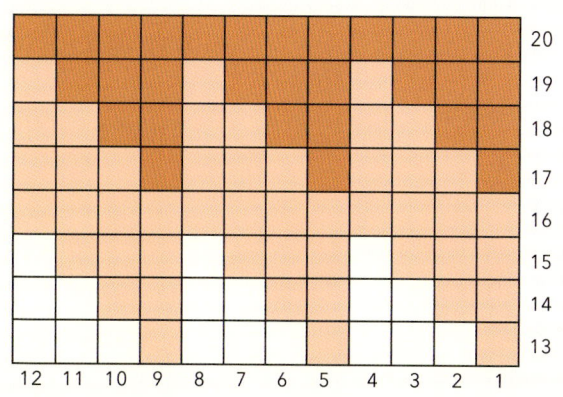

갈매기 알베르토

모두가 알베르토를 좋아합니다. 사실 갈매기가 동물의 왕국에서 가장 완벽한 새가 아니라는 점에는 이견이 없습니다. 너무 시끄럽고 항상 기분 좋은 것은 아니고 먹이가 물의를 일으키기 때문이죠(갈매기가 좋아하는 먹이는 쓰레기입니다). 하지만 사람들은 알베르토가 자기 방식대로 완벽한 새라고 생각합니다. 특히 알베르토의 항공사진 촬영기술은 최고여서 그의 작품은 미술관뿐만 아니라 세계에서 가장 좋은 갤러리에서 전시된답니다. 또 알베르토는 원래 게살 패티를 좋아했지만, 바닷가재 필립을 만나면서 바뀌었어요. 필립과 친구가 되자마자 자기 먹이에서 갑각류를 모두 뺐고, 적어도 필립과 함께 있을 때는 채식 위주로 먹으려고 노력 중입니다.

 QR코드를 스캔하면 다양한 피카파우 친구들을 만날 수 있습니다.

주의 머리와 몸통을 하나로 뜹니다.
주의 별도의 설명이 없으면 C-2(2.75㎜) 코바늘을 사용합니다.

난이도 ★

키
28㎝(제시된 실로 떴을 때)

재료
- 우스티드 실: 오프화이트색, 노란색, 흰색, 프렌치블루색, 애시그레이색, 흑연색 약간, 파스텔핑크색, 은은한 녹색
- 코바늘 C-2(2.75㎜), D-3(3.25㎜, 선택사항)
- 검은색 나사형 인형눈(8㎜)
- 돗바늘
- 솜

필요한 기술 실고리로 원형코 만들기(32쪽), 등 연장하여 뜨기(패턴에서 설명), 자수(38쪽), 연결하기(39쪽)

부리

(노란색, 원형뜨기)

1단 실고리로 원형코 만들기, 짧은뜨기 6 [6코]
2단 (늘리기)×6 [12코]
3-12단 짧은뜨기 12 [12코]

실을 길게 남기고 자른 뒤 마무리를 합니다. 솜을 가볍게 채웁니다.

머리와 몸통

(오프화이트색 실로 시작, 원형뜨기)

1단 실고리로 원형코 만들기, 짧은뜨기 6 [6코]
2단 (늘리기)×6 [12코]
3단 (짧은뜨기 1, 늘리기)×6 [18코]
4단 (짧은뜨기 2, 늘리기)×6 [24코]
5단 (짧은뜨기 3, 늘리기)×6 [30코]
6단 (짧은뜨기 4, 늘리기)×6 [36코]
7-19단 짧은뜨기 36 [36코]

프렌치블루색 실로 바꿉니다.
20단 짧은뜨기 36 [36코]

부리를 15-19단 사이에 꿰매어 붙입니다. 15-16단 사이 부리에서 3코 간격을 두고 나사형 인형눈을 끼웁니다. 파스텔핑크색 실로 뺨(볼)을 수놓습니다. 계속해서 흰색 2단과 프렌치블루색 1단으로 스트라이프 패턴을 뜹니다.

21-35단 짧은뜨기 36 [36코]

오프화이트색 실로 바꿉니다.

36단 뒷고리에만 짧은뜨기 36 [36코]
37단 갈매기의 등에서 중심을 찾으세요. 아직 그 위치가 아니면 그곳에 이를 때까지 계속 뜹니다. 사슬뜨기 9(다음에 만들 코에 스티치마커를 끼웁니다. 이 코가 기초사슬코에 뜨는 첫 코이며 다음 단의 시작점입니다), 사슬코의 뒷고리에 뜨는데, 코바늘로부터 두 번째 코부터 시작하여 짧은뜨기 8, 기초사슬코가 시작된 코에 짧은뜨기 1, 이어서 몸통에 짧은뜨기 36, 기초사슬코의 반대쪽에 짧은뜨기 7, 마지막 코에 늘리기 [54코]
38단 (늘리기)×2, 짧은뜨기 50, (늘리기)×2 [58코]
39단 (늘리기)×3, 짧은뜨기 53, (늘리기)×2 [63코]
40-42단 짧은뜨기 63 [63코]

몸통에 솜을 채우고 계속 뜨면서 채웁니다.

43단 짧은뜨기 4, 줄이기, 짧은뜨기 52, 줄이기, 짧은뜨기 3 [61코]

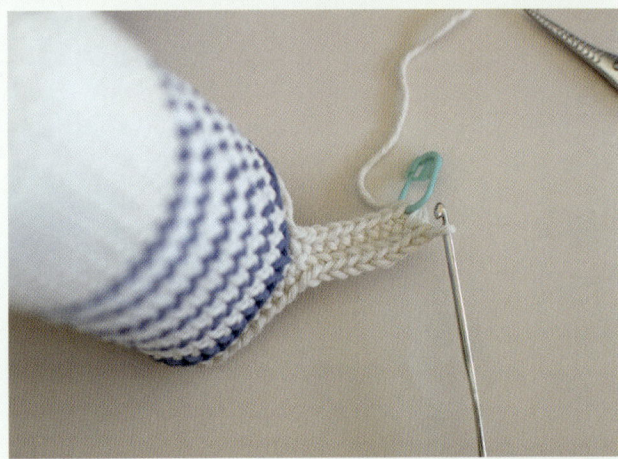

44단 짧은뜨기 61 [61코]
45단 짧은뜨기 4, 줄이기, 짧은뜨기 50, 줄이기, 짧은뜨기 3 [59코]
46단 짧은뜨기 59 [59코]
47단 짧은뜨기 4, 줄이기, 짧은뜨기 48, 줄이기, 짧은뜨기 3 [57코]
48단 짧은뜨기 24, 줄이기, 짧은뜨기 6, 줄이기, 짧은뜨기 23 [55코]
49단 짧은뜨기 4, 줄이기, 짧은뜨기 44, 줄이기, 짧은뜨기 3 [53코]
50단 짧은뜨기 22, 줄이기, 짧은뜨기 6, 줄이기, 짧은뜨기 21 [51코]
51단 짧은뜨기 4, 줄이기, 짧은뜨기 19, 줄이기, 짧은뜨기 19, 줄이기, 짧은뜨기 3 [48코]
52단 (짧은뜨기 6, 줄이기)×6 [42코]
53단 (짧은뜨기 5, 줄이기)×6 [36코]
54단 (짧은뜨기 4, 줄이기)×6 [30코]
55단 (짧은뜨기 3, 줄이기)×6 [24코]
56단 (짧은뜨기 2, 줄이기)×6 [18코]
57단 (짧은뜨기 1, 줄이기)×6 [12코]
58단 (줄이기)×6 [6코]

실을 길게 남기고 자른 뒤 마무리를 합니다. 필요하면 솜을 더 채웁니다. 남긴 실을 돗바늘에 꿰어 남은 각 코의 앞고리에 통과시킨 뒤 세게 잡아당겨서 구멍을 막습니다. 실 끝을 보이지 않게 정리합니다.

다리

(2개, 노란색)

실을 길게 남기고 시작합니다. 사슬뜨기 10, 코가 꼬이지 않도록 주의하면서 코바늘을 첫 사슬코에 넣고 빼뜨기를 하여 기초사슬코를 연결합니다. 계속해서 나선형뜨기를 합니다.

1-10단 짧은뜨기 10 [10코]

실을 길게 남기고 자른 뒤 마무리를 합니다. 다리에 솜을 채웁니다.

주의 다리에 솜을 충분히 채워야 갈매기가 잘 서 있을 수 있습니다(하지만 코바늘로 실을 떠서 만든 인형이기 때문에 혼자서 있지 못해도 실망하지는 마세요). 단, 지나치게 많이 채우지는 않도록 합니다.

실을 길게 남기고 자른 뒤 마무리를 합니다. 발에는 솜을 채우지 않아요. 발을 편평하게 펴고, 남긴 실을 돗바늘에 꿰어 마지막 단의 구멍을 막습니다. 발을 다리에 꿰매어 붙이고, 다리를 몸통 52-55단 사이에 꿰매어 붙입니다.

발

(2개, 노란색, 원형뜨기)

1단 실고리로 원형코 만들기, 짧은뜨기 5 [5코]
2단 짧은뜨기 5 [5코]
3단 (늘리기)×5 [10코]
4단 짧은뜨기 10 [10코]
5단 (짧은뜨기 1, 늘리기)×5 [15코]
6단 짧은뜨기 15 [15코]
7단 (짧은뜨기 2, 늘리기)×5 [20코]
8단 짧은뜨기 20 [20코]
9단 (짧은뜨기 3, 늘리기)×5 [25코]
10-11단 짧은뜨기 25 [25코]

날개

(2개, 애시그레이색, 원형뜨기)

1단 실고리로 원형코 만들기, 짧은뜨기 6 [6코]
2단 (늘리기)×6 [12코]
3단 (짧은뜨기 1, 늘리기)×6 [18코]
4단 (짧은뜨기 2, 늘리기)×6 [24코]
5단 (짧은뜨기 3, 늘리기)×6 [30코]
6-8단 짧은뜨기 30 [30코]

실을 길게 남기고 자른 뒤 마무리를 합니다. 날개에는 솜을 채우지 않아도 됩니다. 날개를 편평하게 펴서 몸통의 양옆 41-42단 사이에 꿰매어 붙입니다.

꼬리

(흑연색, 원형뜨기)
1단 실고리로 원형코 만들기, 짧은뜨기 8 [8코]
2-8단 짧은뜨기 8 [8코]
실을 길게 남기고 자른 뒤 마무리를 합니다. 꼬리에는 솜을 채우지 않아도 됩니다. 꼬리를 편평하게 펴서 등 39-40단 가운데에 꿰매어 붙입니다.

모자

(파스텔핑크색, 코바늘 D-3(3.25㎜)사용)
주의 지금까지 사용한 코바늘로 모자를 떠도 되지만, 그럴 경우 모자가 꼭 낄 수 있어요. 그러므로 몇 단을 더 뜨거나 장력을 좀 느슨하게 떠야 합니다.
사슬뜨기 20, 평면뜨기를 합니다.
1단 코바늘에서 세 번째 코부터 시작, 긴뜨기 18, 사슬뜨기 2, 방향 바꾸기 [18코]
2-18단 뒷고리에만 긴뜨기 18, 사슬뜨기 2, 방향 바꾸기 [18코]
실을 길게 남기고 자른 뒤 마무리를 합니다. 완성된 직사각형의 1단과 18단을 맞추고 돗바늘로 꿰매어 원통을 만듭니다. 실을 마무리하지 말고, 이 실 끝을 돗바늘에 꿰어 원통의 상단에 있는 모든 단 끝에 통과시킵니다. 실 끝을 잡아 당겨서 바짝 조이고 앞뒤로 누비며 꿰매어 모자의 구멍을 막습니다. 모자를 뒤집습니다.
은은한 녹색 실로 지름 3㎝의 폼폼을 만들어서 모자 꼭대기에 꿰매어 붙입니다.

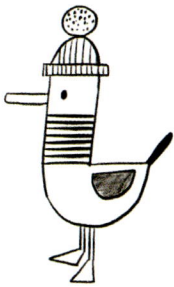

타조 아스트리드

아스트리드는 호기심이 많지만 아주 내성적이고 수줍음이 많은 덩치 큰 아기 새였어요. 어렸을 때는 대부분의 시간에 모험 영화를 봤어요. '인디애나 존스', '구니스', '해저 2만 리', '로빈후드의 모험', 슈퍼히어로 영화, 공상과학영화, 심지어 로맨틱 영화까지 다 섭렵했답니다. 아스트리드는 영화를 보면서 대사를 외우고, 구도와 카메라 앵글도 공부했어요. 어느 정도 자라서 카메라를 들 수 있게 되자 직접 단편영화들을 찍기 시작했습니다. 그중에 고전으로 기록될 영화는 없겠지만, 아스트리드는 영화학교를 만들 계획이기 때문에 아스트리드의 작품은 분명 좋아질 겁니다. 최근 프랑스 영화에 빠진 아스트리드는 외출할 때 꼭 베레모를 씁니다. 진부해 보일 수 있지만, 그 덕분에 아스트리드는 행복합니다. 그러면 됐죠.

 QR코드를 스캔하면 다양한 피카파우 친구들을 만날 수 있습니다.

주의 머리와 몸통을 하나로 뜹니다.

난이도 ★

키
40cm(제시된 실로 떴을 때)

재료
- 우스티드 실: 파스텔민트색, 틸그린색, 회녹색 약간, 프렌치블루색, 파스텔핑크색, 오프화이트색, 노란색
- 코바늘 C-2(2.75mm)
- 검은색 나사형 인형눈(10mm)
- 돗바늘
- 솜

필요한 기술 실고리로 원형코 만들기(32쪽), 원형단 시작할 때 색깔 바꾸기(35쪽), 단 중간에 색깔 바꾸기(35쪽), 기초사슬코로 타원형 뜨기(34쪽), 등 연장하여 뜨기(126쪽), 자수(38쪽), 연결하기(39쪽)

뺨(볼)

(2개, 회녹색, 원형뜨기)
1단 실고리로 원형코 만들기, 짧은뜨기 6 [6코]
2단 (늘리기)×6 [12코]
첫 코에 빼뜨기, 실을 길게 남기고 자른 뒤 마무리를 합니다.

부리

(파스텔핑크색, 원형뜨기)
1단 실고리로 원형코 만들기, 짧은뜨기 6 [6코]
2단 (늘리기)×6 [12코]
3-4단 짧은뜨기 12 [12코]
5단 (짧은뜨기 5, 늘리기)×2 [14코]
6-7단 짧은뜨기 14 [14코]
8단 (짧은뜨기 6, 늘리기)×2 [16코]
9-10단 짧은뜨기 16 [16코]
11단 (짧은뜨기 7, 늘리기)×2 [18코]
12-13단 짧은뜨기 18 [18코]
14단 (짧은뜨기 8, 늘리기)×2 [20코]
15단 짧은뜨기 20 [20코]
실을 길게 남기고 자른 뒤 마무리를 합니다. 솜을 가볍게 채웁니다.

머리와 몸통

(파스텔민트색 실로 시작, 원형뜨기)
1단 실고리로 원형코 만들기, 짧은뜨기 6 [6코]
2단 (늘리기)×6 [12코]
3단 (짧은뜨기 1, 늘리기)×6 [18코]
4단 (짧은뜨기 1, 늘리기)×9 [27코]
5단 (짧은뜨기 2, 늘리기)×9 [36코]
6단 (짧은뜨기 3, 늘리기)×9 [45코]
7단 (짧은뜨기 4, 늘리기)×9 [54코]
8-10단 짧은뜨기 54 [54코]
11단 (짧은뜨기 8, 늘리기)×6 [60코]
12-14단 짧은뜨기 60 [60코]
15단 (짧은뜨기 9, 늘리기)×6 [66코]
16-19단 짧은뜨기 66 [66코]
20단 (짧은뜨기 9, 줄이기)×6 [60코]
21단 (짧은뜨기 3, 줄이기)×12 [48코]

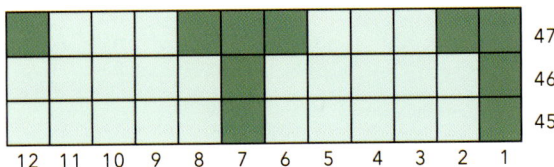

22단 (짧은뜨기 2, 줄이기)×12 [36코]

부리를 13-17단 사이에 꿰매어 붙이는데, 원형단이 시작하는 곳의 반대편에 놓아야 합니다. 15-16단 사이 부리에서 2코 간격을 두고 나사형 인형눈을 끼웁니다.

뺨(볼)을 14-18단 사이에 꿰매어 붙입니다.

23단 (짧은뜨기 4, 줄이기)×6 [30코]

24단 (짧은뜨기 3, 줄이기)×6 [24코]

머리에 솜을 채우고 계속 몸통을 뜨면서 채웁니다.

25-44단 짧은뜨기 24 [24코]

계속해서 상단의 그림 도안을 따라 파스텔민트색과 틸그린색 실을 번갈아 사용하여 자카드 무늬뜨기를 합니다.

주의 45단에서는 '늘리기'를 2코로 계산합니다. 여기에서 늘리기의 2코는 같은 색일 때도 있고 두 가지 색일 때도 있습니다.

45단 (짧은뜨기 3, 늘리기)×6 [30코]

46-47단 짧은뜨기 30 [30코]

계속해서 틸그린색 실로 뜹니다.

48단 (짧은뜨기 4, 늘리기)×6 [36코]

49단 짧은뜨기 36 [36코]

50단 (짧은뜨기 2, 늘리기)×12 [48코]

51단 짧은뜨기 48 [48코]

52단 (짧은뜨기 3, 늘리기)×12 [60코]

53단 짧은뜨기 60 [60코]

54단 타조의 등에서 중심을 찾으세요. 아직 그 위치가 아니면 그곳에 이를 때까지 계속 뜹니다(저는 짧은뜨기 9코를 떠야 했어요). 사슬뜨기 6(다음에 만들 코에 스티치마커를 끼웁니다. 이 코가 기초사슬코에 뜨는 첫 코이며 다음 단의 시작점입니다), 사슬코의 뒷고리에 뜨는데, 코바늘로부터 두 번째 코부터 시작하여 늘리기, 짧은뜨기 4, 기초사슬가 시작된 코에 짧은뜨기 1, 이어서 몸통에 짧은뜨기 60, 기초사슬코의 반대쪽에 짧은뜨기 4, 마지막 코에 늘리기 [73코]

55단 (늘리기)×2, 짧은뜨기 69, (늘리기)×2 [77코]

56단 (늘리기)×3, 짧은뜨기 72, (늘리기)×2 [82코]

57-59단 짧은뜨기 82 [82코]

60단 짧은뜨기 5, 줄이기, 짧은뜨기 70, 줄이기, 짧은뜨기 3 [80코]

61단 짧은뜨기 80 [80코]

62단 짧은뜨기 5, 줄이기, 짧은뜨기 68, 줄이기, 짧은뜨기 3 [78코]

63단 짧은뜨기 78 [78코]

64단 짧은뜨기 5, 줄이기, 짧은뜨기 26, 줄이기, 짧은뜨기 8, 줄이기, 짧은뜨기 28, 줄이기, 짧은뜨기 3 [74코]

65단 짧은뜨기 74 [74코]

66단 짧은뜨기 5, 줄이기, 짧은뜨기 24, 줄이기, 짧은뜨기 8, 줄이기, 짧은뜨기 26, 줄이기, 짧은뜨기 3 [70코]

67단 짧은뜨기 70 [70코]

68단 (짧은뜨기 5, 줄이기)×10 [60코]

69단 (짧은뜨기 8, 줄이기)×6 [54코]

70단 (짧은뜨기 7, 줄이기)×6 [48코]

71단 (짧은뜨기 6, 줄이기)×6 [42코]

72단 (짧은뜨기 5, 줄이기)×6 [36코]

73단 (짧은뜨기 4, 줄이기)×6 [30코]

74단 (짧은뜨기 3, 줄이기)×6 [24코]

75단 (짧은뜨기 2, 줄이기)×6 [18코]

76단 (짧은뜨기 1, 줄이기)×6 [12코]

77단 (줄이기)×6 [6코]

실을 길게 남기고 자른 뒤 마무리를 합니다. 남긴 실을 돗바늘에 꿰어 남은 각 코의 앞고리에 통과시킨 뒤 세게 잡아당겨서 구멍을 막습니다. 실 끝을 보이지 않게 정리합니다.

다리

(2개, 틸그린색 실로 시작)
실을 길게 남기고 시작합니다. 사슬뜨기 14, 코가 꼬이지 않도록 주의하면서 코바늘을 첫 사슬코에 넣고 빼뜨기를 하여 기초사슬코를 연결합니다. 계속해서 나선형뜨기를 합니다. 틸그린색과 오프화이트색 실로 단마다 색깔을 바꾸어 스트라이프 패턴을 뜹니다.
1-8단 짧은뜨기 14 [14코]
계속해서 파스텔핑크색 실로 바꾸어 뜹니다. 솜을 채우고 계속 뜨면서 채웁니다.
9-24단 짧은뜨기 14 [14코]
실을 길게 남기고 자른 뒤 마무리를 합니다.

발

(2개, 파스텔핑크색, 원형뜨기)
발가락 3개를 만드는 것으로 시작합니다.
1단 실고리로 원형코 만들기, 짧은뜨기 8 [8코]
2-6단 짧은뜨기 8 [8코]
첫 번째와 두 번째 발가락은 실을 길게 남기고 자른 뒤 마무리를 합니다. 세 번째 발가락은 실을 마무리하지 않습니다. 이제 발가락들을 연결하여 발을 만듭니다.
7단 두 번째 발가락에 짧은뜨기 4, 첫 번째 발가락에 짧은뜨기 8, 두 번째 발가락에 짧은뜨기 4, 세 번째 발가락에서 짧은뜨기 8 [24코]
남긴 실을 돗바늘에 꿰어 발가락 사이의 공간을 꿰매어 막아도 됩니다. 발가락에는 솜을 약간만 채웁니다.

8-10단 짧은뜨기 24 [24코]
11단 (짧은뜨기 4, 줄이기)×4 [20코]
12단 짧은뜨기 20 [20코]
13단 (짧은뜨기 3, 줄이기)×4 [16코]
14단 짧은뜨기 16 [20코]
15단 (짧은뜨기 2, 줄이기)×4 [12코]
16단 짧은뜨기 12 [20코]
17단 (짧은뜨기 2, 줄이기)×3 [9코]
발에 솜을 약간 채웁니다.
18단 (짧은뜨기 1, 줄이기)×3 [6코]
실을 길게 남기고 자른 뒤 마무리를 합니다. 남긴 실을 돗바늘에 꿰어 남은 각 코의 앞고리에 통과시킨 뒤 세게 잡아당겨서 구멍을 막습니다. 발을 다리에 꿰매어 붙입니다.

날개

(2개, 틸그린색 실로 시작, 원형뜨기)

실을 길게 남기고 시작합니다.
1단 실고리로 원형코 만들기, 짧은뜨기 6 [6코]
2단 (늘리기)×6 [12코]
3단 (짧은뜨기 1, 늘리기)×6 [18코]
4단 (짧은뜨기 2, 늘리기)×6 [24코]
5단 (짧은뜨기 3, 늘리기)×6 [30코]
6단 (짧은뜨기 4, 늘리기)×6 [36코]
7-12단 짧은뜨기 36 [36코]
파스텔민트색 실로 바꿉니다. 날개에는 솜을 채우지 않아요. 이제 날개의 코를 나누어 깃털당 12개의 코로 깃털 3개를 만듭니다.

첫 번째 깃털

1단 24코 건너뛰기, 이전 단의 스물다섯 번째 코에 짧은뜨기를 떠서 마지막 코와 연결, 짧은뜨기 11 [12코]
2-12단 짧은뜨기 12 [12코]
13단 (줄이기)×6 [6코]
실을 길게 남기고 자른 뒤 마무리를 합니다. 남긴 실을 돗바늘에 꿰어 남은 각 코의 앞고리에 통과시킨 뒤 세게 잡아당겨서 구멍을 막습니다. 실 끝을 보이지 않게 정리합니다.

두 번째 깃털

첫 번째 깃털의 왼쪽에 있는 코에 파스텔민트색 실을 다시 연결합니다.
1단 짧은뜨기 6, 첫 번째 깃털의 오른쪽으로 6번째 코에 짧은뜨기를 떠서 마지막 코와 연결합니다. 이 짧은뜨기는 다음 단의 첫 코입니다.
2-13단 첫 번째 깃털의 패턴과 똑같이 뜹니다.
실을 길게 남기고 자른 뒤 마무리를 합니다. 남긴 실을 돗바늘에 꿰어 남은 각 코의 앞고리에 통과시킨 뒤 세게 잡아당겨서 구멍을 막습니다. 실 끝을 보이지 않게 정리합니다.

세 번째 깃털

두 번째 깃털의 왼쪽에 있는 코에 파스텔민트색 실을 다시 연결합니다.
1단 짧은뜨기 12 [12코]
2-13단 첫 번째 깃털의 패턴과 똑같이 뜹니다.
실을 길게 남기고 자른 뒤 마무리를 합니다. 남긴 실을 돗바늘에 꿰어 남은 각 코의 앞고리에 통과시킨 뒤 세게 잡아당겨서 구멍을 막습니다. 실 끝을 보이지 않게 정리합니다.
노란색 실로 깃털에 장식을 수놓습니다. 날개를 52-65단 위에 꿰매어 붙입니다. 날개와 몸통 사이에 솜을 약간 채워도 됩니다.

꼬리

큰 깃털

(파스텔민트색, 원형뜨기)

1단 실고리로 원형코 만들기, 짧은뜨기 5 [5코]
2단 (늘리기)×5 [10코]
3단 (짧은뜨기 1, 늘리기)×5 [15코]
4단 (짧은뜨기 2, 늘리기)×5 [20코]
5-6단 짧은뜨기 20 [20코]
7단 (짧은뜨기 8, 줄이기)×2 [18코]
8-9단 짧은뜨기 18 [18코]
10단 (짧은뜨기 7, 줄이기)×2 [16코]
11-12단 짧은뜨기 16 [16코]
13단 (짧은뜨기 6, 줄이기)×2 [14코]
14-15단 짧은뜨기 14 [14코]
16단 (짧은뜨기 5, 줄이기)×2 [12코]
17단 짧은뜨기 12 [12코]
실을 길게 남기고 자른 뒤 마무리를 합니다. 큰 깃털에는 솜을 채우지 않아도 됩니다. 노란색 실로 장식을 수놓습니다. 큰 깃털을 편평하게 펴서 등 가운데 55-56단 사이에 꿰매어 붙입니다.

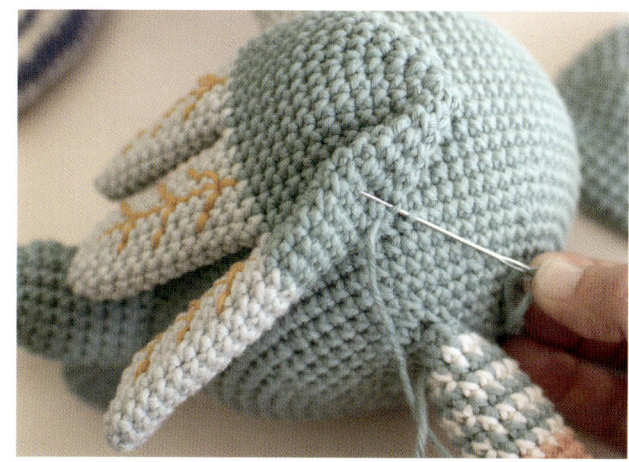

작은 깃털

(2개, 틸그린색, 원형뜨기)

1단 실고리로 원형코 만들기, 짧은뜨기 6 [6코]
2단 (늘리기)×6 [12코]
3단 (짧은뜨기 2, 늘리기)×4 [16코]
4-5단 짧은뜨기 16 [16코]
6단 (짧은뜨기 6, 줄이기)×2 [14코]
7-8단 짧은뜨기 14 [14코]
9단 (짧은뜨기 5, 줄이기)×2 [12코]
10단 짧은뜨기 12 [12코]

실을 길게 남기고 자른 뒤 마무리를 합니다. 작은 깃털에는 솜을 채우지 않아도 됩니다. 작은 깃털을 큰 깃털 아래 57-58단 사이에 나란하게 꿰매어 붙입니다.

베레모

(오프화이트색 실로 시작, 원형뜨기)

오프화이트와 프렌치블루색 실로 단마다 색깔을 바꾸어 스트라이프 패턴을 뜹니다. 매 단을 연결하여 뜹니다.

주의 베레모를 단색으로 뜰 경우에는 단을 연결하지 않아도 됩니다.

1단 실고리로 원형코 만들기, 긴뜨기 9, 첫 코에 빼뜨기, 사슬뜨기 1 [9코]
2단 (긴뜨기늘리기)×9, 첫 코에 빼뜨기, 사슬뜨기 1 [18코]
3단 (긴뜨기 1, 긴뜨기늘리기)×9, 첫 코에 빼뜨기, 사슬뜨기 1 [27코]
4단 (긴뜨기 2, 긴뜨기늘리기)×9, 첫 코에 빼뜨기, 사슬뜨기 1 [36코]
5단 (긴뜨기 3, 긴뜨기늘리기)×9, 첫 코에 빼뜨기, 사슬뜨기 1 [45코]
6단 (긴뜨기 4, 긴뜨기늘리기)×9, 첫 코에 빼뜨기, 사슬뜨기 1 [54코]
7단 (긴뜨기 2, 긴뜨기늘리기)×18, 첫 코에 빼뜨기, 사슬뜨기 1 [72코]
8단 (긴뜨기 3, 긴뜨기늘리기)×18, 첫 코에 빼뜨기, 사슬뜨기 1 [90코]
9단 긴뜨기 90, 첫 코에 빼뜨기, 사슬뜨기 1 [90코]
10단 (긴뜨기 3, 긴뜨기 줄이기)×18, 첫 코에 빼뜨기, 사슬뜨기 1 [72코]
11단 (긴뜨기 2, 긴뜨기 줄이기)×18, 첫 코에 빼뜨기, 사슬뜨기 1 [54코]

파스텔핑크색 실로 바꿉니다.

12-13단 짧은뜨기 54, 첫 코에 빼뜨기, 사슬뜨기 1 [54코]
14단 빼뜨기 54, 첫 코에 빼뜨기 [54코]

실을 자르고 마무리를 한 뒤 실 끝을 보이지 않게 정리합니다.

리본

(파스텔핑크색 실로 시작)

사슬뜨기 19, 평면뜨기를 합니다.

1단 코바늘에서 두 번째 코부터 시작, 빼뜨기 18, 사슬뜨기 1, 방향 바꾸기 [18코]

오프화이트색 실로 바꿉니다.

2-3단 뒷고리에만 빼뜨기 18, 사슬뜨기 1, 방향 바꾸기 [18코]

파스텔핑크색 실로 바꿉니다.

4단 뒷고리에만 빼뜨기 18, 사슬뜨기 1, 방향 바꾸기 [18코]
5단 뒷고리에만 빼뜨기 18 [18코]

실을 길게 남기고 자른 뒤 마무리를 합니다. 리본을 베레모 안쪽, 12단에 꿰매어 붙입니다.

폼폼

(노란색 실로 시작, 원형뜨기)

1단 실고리로 원형코 만들기, 짧은뜨기 6 [6코]

계속해서 오프화이트색과 노란색 실로 단마다 색깔을 바꾸어 스트라이프 패턴을 뜹니다.

2단 (늘리기)×6 [12코]
3단 (짧은뜨기 1, 늘리기)×6 [18코]
4단 (짧은뜨기 2, 늘리기)×6 [24코]
5-8단 짧은뜨기 24 [24코]
9단 (짧은뜨기 2, 줄이기)×6 [18코]
10단 (짧은뜨기 1, 줄이기)×6 [12코]

폼폼에 솜을 채웁니다.

11단 (줄이기)×6 [6코]

실을 길게 남기고 자른 뒤 마무리를 합니다. 폼폼을 베레모 꼭대기에 꿰매어 답니다.

암탉 그레타

집안의 다른 가족들처럼 그레타 역시 병아리였을 때 코바늘과 대바늘뜨기, 자수를 배웠습니다. 그 후에는 그런 것들에 싫증이 났어요. 할머니 닭들의 소일거리라고 생각했고, 그레타는 절대 할머니 닭이 아니었으니까요. 시간이 흘렀습니다. 그레타는 미술 관련 일을 하고 싶었지만 자리를 구할 수 없었어요. 그러던 어느 날 뜨개실로 만든 설치 예술품을 보게 되었어요. 어렸을 때 배웠던 모든 기술이 들어 있는 거대한 예술 작품을 보고 감동하고 말았답니다. 이제 그레타는 자신에게서 정형화된 공예인의 이미지를 기분 좋게 확인하고 있어요. 그녀는 시대극과 찻잔, 친구들과의 대화를 좋아하고, 뜨개실을 상상할 수 있는 최대한으로 모아두기를 좋아하니까요. 자기는 뜨개실 아티스트라고 그럴 듯하게 변명거리를 대지만, 그 양이 대단합니다. 친구들한테는 말하지 마세요. 아마 그레타를 뜨개실광이라고 생각할 테니까요.

 QR코드를 스캔하면 다양한 피카파우 친구들을 만날 수 있습니다.

주의 별도의 설명이 없으면 C-2(2.75㎜) 코바늘을 사용합니다.
주의 머리와 몸통을 하나로 뜹니다.

난이도 ★

키
32㎝(제시된 실로 떴을 때, 볏 포함)

재료
- 우스티드 실: 크림색, 노란색, 벽돌색, 파스텔핑크색 약간, 파스텔민트색, 흑연색
- 코바늘 C-2(2.75㎜), D-3(3.25㎜)
- 검은색 나사형 인형눈(8㎜)
- 돗바늘
- 솜

필요한 기술 실고리로 원형코 만들기(32쪽), 몸통을 두 부분으로 나누기(47쪽), 기초사슬코로 타원형 뜨기(34쪽), 등 연장하여 뜨기(126쪽), 자수(38쪽), 연결하기(39쪽)

뺨(볼)

(2개, 파스텔핑크색, 원형뜨기)
1단 실고리로 원형코 만들기, 짧은뜨기 6 [6코]
2단 (늘리기)×6 [12코]
첫 코에 빼뜨기, 실을 길게 남기고 자른 뒤 마무리를 합니다.

부리

(노란색, 원형뜨기)
1단 실고리로 원형코 만들기, 짧은뜨기 5 [5코]
2단 짧은뜨기 5 [5코]
3단 (짧은뜨기 1, 늘리기)×2, 짧은뜨기 1 [7코]
4단 짧은뜨기 7 [7코]
5단 (짧은뜨기 2, 늘리기)×2, 짧은뜨기 1 [9코]
6-7단 짧은뜨기 9 [9코]
실을 길게 남기고 자른 뒤 마무리를 합니다. 솜을 가볍게 채웁니다.

머리와 몸통

(크림색, 원형뜨기)
1단 실고리로 원형코 만들기, 짧은뜨기 6 [6코]
2단 (늘리기)×6 [12코]
3단 (짧은뜨기 1, 늘리기)×6 [18코]
4단 (짧은뜨기 2, 늘리기)×6 [24코]
5단 (짧은뜨기 3, 늘리기)×6 [30코]
6단 (짧은뜨기 4, 늘리기)×6 [36코]
7단 (짧은뜨기 5, 늘리기)×6 [42코]
8-21단 짧은뜨기 42 [42코]
부리를 11-14단 사이에 꿰매어 붙이는데, 원형단이 시작하는 곳의 반대편에 놓아야 합니다. 12-13단 사이에 부리에서 3코 간격을 두고 나사형 인형눈을 끼웁니다. 뺨(볼)을 인형눈 아래에 꿰매어 붙입니다.
22단 짧은뜨기 10, 늘리기, 짧은뜨기 20, 늘리기, 짧은뜨기 10 [44코]
23-25단 짧은뜨기 44 [44코]
26단 (짧은뜨기 10, 늘리기)×4 [48코]
27-29단 짧은뜨기 48 [48코]

30단 암탉의 등에서 중심을 찾으세요. 아직 그 위치가 아니면 그곳에 이를 때까지 계속 뜹니다. 사슬뜨기 13(다음에 만들 코에 스티치마커를 끼웁니다. 이 코가 기초사슬코에 뜨는 첫 코이며 다음 단의 시작점입니다), 사슬코의 뒷고리에 뜨는데, 코바늘로부터 두 번째 코부터 시작하여 늘리기, 짧은뜨기 11, 기초사슬코가 시작된 코에 짧은뜨기 1, 이어서 몸통에서 짧은뜨기 21, 늘리기, 짧은뜨기 4, 늘리기, 짧은뜨기 21, 기초사슬코의 반대쪽에 짧은뜨기 11, 마지막 코에 늘리기 [77코]
31단 (늘리기)×2, 짧은뜨기 73, (늘리기)×2 [81코]
32단 (늘리기)×3, 짧은뜨기 35, 늘리기, 짧은뜨기 5, 늘리기, 짧은뜨기 34, (늘리기)×2 [88코]
33단 짧은뜨기 88 [88코]
34단 짧은뜨기 1, 늘리기, 짧은뜨기 2, 늘리기, 짧은뜨기 36, (늘리기, 짧은뜨기 3)×2, 늘리기, 짧은뜨기 36, 늘리기, 짧은뜨기 1 [94코]
35-36단 짧은뜨기 94 [94코]
37단 짧은뜨기 5, 줄이기, 짧은뜨기 37, 늘리기, 짧은뜨기 9, 늘리기, 짧은뜨기 35, 줄이기, 짧은뜨기 2 [94코]
38단 짧은뜨기 94 [94코]
39단 짧은뜨기 5, 줄이기, 짧은뜨기 83, 줄이기, 짧은뜨기 2 [92코]
40단 짧은뜨기 92 [92코]
41단 짧은뜨기 5, 줄이기, 짧은뜨기 81, 줄이기, 짧은뜨기 2 [90코]
42-43단 짧은뜨기 90 [90코]
44단 짧은뜨기 5, 줄이기, 짧은뜨기 34, 줄이기, 짧은뜨기 9, 줄이기, 짧은뜨기 32, 줄이기, 짧은뜨기 2 [86코]
45-46단 짧은뜨기 86 [86코]
47단 짧은뜨기 5, 줄이기, 짧은뜨기 32, 줄이기, 짧은뜨기 9, 줄이기, 짧은뜨기 30, 줄이기, 짧은뜨기 2 [82코]
48단 짧은뜨기 82 [82코]
49단 짧은뜨기 5, 줄이기, 짧은뜨기 31, 줄이기, 짧은뜨기 8, 줄이기, 짧은뜨기 28, 줄이기, 짧은뜨기 2 [78코]
50단 짧은뜨기 78 [78코]
51단 (짧은뜨기 11, 줄이기)×6 [72코]
52단 짧은뜨기 72 [72코]
53단 (짧은뜨기 10, 줄이기)×6 [66코]
54단 (짧은뜨기 9, 줄이기)×6 [60코]
55단 (짧은뜨기 8, 줄이기)×6 [54코]
56단 (짧은뜨기 7, 줄이기)×6 [48코]
머리와 목에 솜을 채웁니다. 실을 마무리하지 않습니다.

다리

다리를 만들기 위해 각 다리에 24코를 나눕니다. 닭의 등에서 중심을 찾으세요. 아직 그 위치가 아니면 그곳에 이를 때까지 계속 뜨거나 필요하면 몇 코를 풀어줍니다. 사슬뜨기 8, 마지막 사슬코를 이전 단의 스물네 번째 코에 짧은뜨기로 연결합니다(이 짧은뜨기는 다리의 첫 코입니다). 이제 첫 번째 다리의 코들이 원형으로 연결되었습니다. 계속해서 첫 번째 다리를 뜹니다.
57단 몸통에서 짧은뜨기 24, 사슬의 뒷고리에만 짧은뜨기 8 [32코]
58-59단 짧은뜨기 32 [32코]
60단 (짧은뜨기 2, 줄이기)×8 [24코]

61단 짧은뜨기 24 [24코]
62단 (짧은뜨기 1, 줄이기)×8 [16코]
노란색 실로 바꿉니다.
63단 뒷고리에만 (짧은뜨기 2, 줄이기)×4 [12코]
64-69단 짧은뜨기 12 [12코]
실을 길게 남기고 자른 뒤 마무리를 합니다. 몸통과 다리에 솜을 탄탄하게 채웁니다.

두 번째 다리

56단의 뒤쪽에서 뜨지 않은 첫 코에 크림색 실을 다시 연결합니다. 여기에서 두 번째 다리의 첫 코를 시작합니다.
57단 몸통에서 짧은뜨기 24, 사슬의 앞고리에만 짧은뜨기 8, 첫 코에 짧은뜨기를 하여 원형단으로 연결합니다 [32코]
58-69단 첫 번째 다리와 같은 방식으로 뜹니다.
실을 길게 남기고 자른 뒤 마무리를 합니다. 다리에 솜을 탄탄하게 채웁니다.

발
(2개, 노란색)
발가락 3개를 만드는 것으로 시작합니다.
1단 실고리로 원형코 만들기, 짧은뜨기 8 [8코]
2-6단 짧은뜨기 8 [8코]
첫 번째 발가락과 두 번째 발가락은 실을 길게 남기고 자른 뒤 마무리를 합니다.
세 번째 발가락은 실을 마무리하지 않아요. 이제 발가락들을 연결하여 발을 만듭니다.
7단 두 번째 발가락에 짧은뜨기 4, 첫 번째 발가락에 짧은뜨기 8, 두 번째 발가락의 남은 코에 짧은뜨기 4, 세 번째 발가락에 짧은뜨기 8 [24코]
남긴 실을 돗바늘에 꿰어 발가락들 사이의 구멍을 메워도 됩니다. 솜을 탄탄하게 채웁니다.
8단 짧은뜨기 24 [24코]
9단 (짧은뜨기 4, 줄이기)×4 [20코]
10단 짧은뜨기 20 [20코]
11단 (짧은뜨기 3, 줄이기)×4 [16코]
12-13단 짧은뜨기 16 [16코]
14단 (짧은뜨기 2, 줄이기)×4 [12코]
발에 솜을 가볍게 채웁니다.
15단 (짧은뜨기 1, 줄이기)×4 [8코]
16-17단 짧은뜨기 8 [8코]
실을 길게 남기고 자른 뒤 마무리를 합니다. 발에 솜을 더 채우세요. 남긴 실을

돗바늘에 꿰어 남은 각 코의 앞고리에 통과시킨 뒤 세게 잡아당겨서 구멍을 막습니다. 실 끝을 보이지 않게 정리합니다. 발을 다리에 꿰매어 붙입니다.

날개

(2개, 크림색)
깃털을 만드는 것으로 시작합니다.

작은 깃털
1단 실고리로 원형코 만들기, 짧은뜨기 5 [5코]
2단 (늘리기)×5 [10코]
3-5단 짧은뜨기 10 [10코]
실을 길게 남기고 자른 뒤 마무리를 합니다.

중간 깃털
1단 실고리로 원형코 만들기, 짧은뜨기 6 [6코]
2단 (늘리기)×6 [12코]
3-7단 짧은뜨기 12 [12코]
실을 길게 남기고 자른 뒤 마무리를 합니다.

큰 깃털
1단 실고리로 원형코 만들기, 짧은뜨기 7 [7코]
2단 (늘리기)×7 [14코]
3-9단 짧은뜨기 14 [14코]
실을 마무리하지 않고, 깃털들을 연결하여 날개를 만듭니다.
10단 중간 깃털에 짧은뜨기 6, 작은 깃털에 짧은뜨기 10, 중간 깃털의 남은 코에 짧은뜨기 6, 큰 깃털에서 짧은뜨기 14 [36코]
남긴 실을 돗바늘에 꿰어 깃털들 사이의 구멍을 막아도 됩니다.
11단 짧은뜨기 36 [36코]
12단 짧은뜨기 27, (줄이기)×2, 짧은뜨기 5 [34코]
13단 짧은뜨기 34 [34코]
14단 짧은뜨기 26, (줄이기)×2, 짧은뜨기 4 [32코]
15단 짧은뜨기 32 [32코]
16단 짧은뜨기 25, (줄이기)×2, 짧은뜨기 3 [30코]
17단 짧은뜨기 30 [30코]
18단 짧은뜨기 24, (줄이기)×2, 짧은뜨기 2 [28코]
19단 짧은뜨기 28 [28코]
20단 짧은뜨기 23, (줄이기)×2, 짧은뜨기 1 [26코]
21단 짧은뜨기 26 [26코]
22단 짧은뜨기 22, (줄이기)×2 [24코]
23단 짧은뜨기 24 [24코]
24단 (짧은뜨기 4, 줄이기)×4 [20코]
실을 길게 남기고 자른 뒤 마무리를 합니다. 날개에는 솜을 채우지 않아도 됩니다. 날개를 편평하게 펴고 몸통의 양옆 34-44단 사이에 꿰매어 붙입니다.

볏

(벽돌색)

큰 볏
1단 실고리로 원형코 만들기, 짧은뜨기 6 [6코]
2단 (늘리기)×6 [12코]
3단 (짧은뜨기 1, 늘리기)×6 [18코]
4단 (짧은뜨기 2, 늘리기)×6 [24코]
5-7단 짧은뜨기 24 [24코]
8단 (짧은뜨기 4, 줄이기) ×4 [20코]
9-10단 짧은뜨기 20 [20코]
실을 길게 남기고 자른 뒤 마무리를 합니다. 솜을 채우지 않습니다.

중간 볏
1단 실고리로 원형코 만들기, 짧은뜨기 6 [6코]
2단 (늘리기)×6 [12코]
3단 (짧은뜨기 1, 늘리기)×6 [18코]
4-6단 짧은뜨기 18 [18코]
7단 (짧은뜨기 4, 줄이기)×3 [15코]
8단 짧은뜨기 15 [15코]
실을 길게 남기고 자른 뒤 마무리를 합니다. 솜을 채우지 않습니다.

작은 볏
1단 실고리로 원형코 만들기, 짧은뜨기 6 [6코]
2단 (늘리기)×6 [12코]

3-5단 짧은뜨기 12 [12코]

실을 길게 남기고 자른 뒤 마무리를 합니다. 솜을 채우지 않습니다. 볏들을 편평하게 펴고 정수리에 꿰매어 붙입니다. 큰 볏은 4-5단 사이, 중간 볏은 큰 볏 뒤 3-4단 사이, 작은 볏은 중간 볏 뒤 2-3단 사이에 꿰매어 붙입니다.

꼬리깃털

큰 깃털
(흑연색 실로 시작)

1단 실고리로 원형코 만들기, 짧은뜨기 6 [6코]

계속해서 크림색과 흑연색 실로 단마다 색깔을 바꾸어 스트라이프 패턴을 뜹니다.

2단 (늘리기)×6 [12코]
3단 (짧은뜨기 1, 늘리기)×6 [18코]
4-9단 짧은뜨기 18 [18코]
10단 (짧은뜨기 4, 줄이기)×3 [15코]
11-12단 짧은뜨기 15 [15코]
13단 (짧은뜨기 3, 줄이기)×3 [12코]
14-15단 짧은뜨기 12 [12코]

실을 길게 남기고 자른 뒤 마무리를 합니다.

작은 깃털
(2개, 흑연색 실로 시작)

1단 실고리로 원형코 만들기, 짧은뜨기 8 [8코]

계속해서 크림색과 흑연색 실로 단마다 색깔을 바꾸어 스트라이프 패턴을 뜹니다.

2단 (늘리기)×8 [16코]
3-8단 짧은뜨기 16 [16코]
9단 (짧은뜨기 2, 줄이기)×4 [12코]
10-11단 짧은뜨기 12 [12코]

실을 길게 남기고 자른 뒤 마무리를 합니다. 깃털에는 솜을 채우지 않아도 됩니다.

깃털을 편평하게 펴고 등에 꿰매어 붙입니다. 큰 깃털은 32-33단 사이 가운데에, 작은 깃털은 큰 깃털의 양옆에 꿰매어 붙입니다.

숄

(파스텔민트색, 코바늘 C-2(2.75㎜)로 떠도 되고, 좀 더 부드럽고 느슨하게 만들려면 D-3(3.25㎜)로 뜹니다.)

사슬뜨기 6, 평면뜨기를 합니다.

1단 코바늘에서 여섯 번째 코부터 시작, 한길긴뜨기 1, 사슬뜨기 3, 방향 바꾸기

2단 사슬 3코 공간에 한길긴뜨기 6, 사슬뜨기 6, 방향 바꾸기

3단 2코 건너뛰기, 짧은뜨기 3, 사슬뜨기 3, 1코 건너뛰기, 사슬 3코(기둥코)에 한길긴뜨기 1, 사슬뜨기 3, 방향 바꾸기

4단 사슬 3코 공간에 한길긴뜨기 5, 1코 건너뛰기, 짧은뜨기 1, 1코 건너뛰기, 사슬 3코 공간에 한길긴뜨기 6, 사슬뜨기 6, 방향 바꾸기

5단 2코 건너뛰기, 짧은뜨기 3, 사슬뜨기 3, 3코 건너뛰기, 짧은뜨기 3, 사슬뜨기 3, 1코 건너뛰기, 사슬 3코 공간에 한길긴뜨기 1, 사슬뜨기 3, 방향 바꾸기

6단 (사슬 3코 공간에 한길긴뜨기 5, 1코 건너뛰기, 짧은뜨기 1, 1코 건너뛰기)×2, 사슬 3코 공간에 한길긴뜨기 6, 사슬뜨기 6, 방향 바꾸기

7단 2코 건너뛰기, 짧은뜨기 3, (사슬뜨기 3, 3코 건너뛰기, 짧은뜨기 3)×2, 사슬뜨기 3, 1코 건너뛰기, 사슬 3코 공간에 한길긴뜨기 1, 사슬뜨기 3, 방향 바꾸기

8단 (사슬 3코 공간에 한길긴뜨기 5, 1코 건너뛰기, 짧은뜨기 1, 1코 건너뛰기)×3, 사슬 3코 공간에 한길긴뜨기 6, 사슬뜨기 6, 방향 바꾸기

9단 2코 건너뛰기, 짧은뜨기 3, (사슬뜨기 3, 3코 건너뛰기, 짧은뜨기 3)×3, 사슬뜨기 3, 1코 건너뛰기, 사슬 3코 공간에 한길긴뜨기 1, 사슬뜨기 3, 방향 바꾸기

10단 (사슬 3코 공간에 한길긴뜨기 5, 1코 건너뛰기, 짧은뜨기 1, 1코 건너뛰기)×4, 사슬 3코 공간에 한길긴뜨기 6, 사슬뜨기 1, 방향을 바꾸지 않습니다.

실을 마무리하지 않고, 계속해서 가장자리를 뜹니다.

가장자리

1단 숄의 한쪽 면을 따라 내려가며 짧은뜨기 30(한길긴뜨기 1코당 짧은뜨기 3, 사슬 3코 공간당 짧은뜨기 3), 사슬뜨기 1, 다른 쪽 면을 따라 올라가며 짧은뜨기 30, 사슬뜨기 4, 방향 바꾸기

2단 3코 건너뛰기, 짧은뜨기 3, (사슬뜨기 3, 3코 건너뛰기, 짧은뜨기 3)×4, 사슬뜨기 3, 1코 건너뛰기, (사슬뜨기 3,

사슬뜨기 3, 3코 건너뛰기) × 5, 짧은뜨기 1, 사슬뜨기 3, 방향 바꾸기

3단 사슬 3코 공간에 한길긴뜨기 4, 1코 건너뛰기, 짧은뜨기 1, 1코 건너뛰기, (사슬 3코 공간에서 한길긴뜨기 5, 1코 건너뛰기, 짧은뜨기 1, 1코 건너뛰기)×4, 사슬 3코 공간(아래 모서리, 숄의 끝)에 한길긴뜨기 6, 1코 건너뛰기, 짧은뜨기 1, 1코 건너뛰기, (사슬 3코 공간에 한길긴뜨기 5, 1코 건너뛰기, 짧은뜨기 1, 1코 건너뛰기)×4, 마지막 사슬 3코 공간에서 한길긴뜨기 5

실을 마무리하지 않고, 계속해서 끈을 뜹니다.

끈

사슬뜨기 25(한쪽 끈), 코바늘에서 두 번째 코부터 시작하여 빼뜨기 24, 숄 가장자리를 따라 빼뜨기(약 38코), 사슬뜨기 25(반대쪽 끈), 코바늘에서 두 번째 코부터 시작하여 빼뜨기 24, 기초사슬코가 시작되는 코에 빼뜨기, 실을 자르고 마무리한 뒤, 실 끝을 보이지 않게 정리합니다.

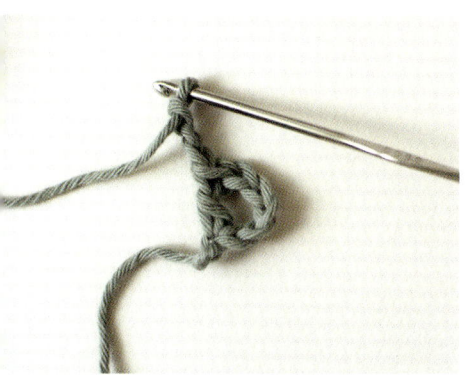
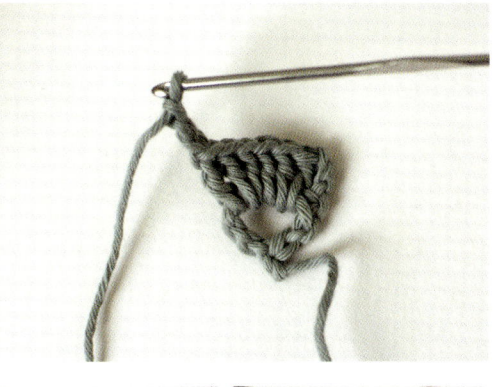

달팽이 코즈무

코즈무는 식물학자입니다. 식물에 대한 열정이 대단하죠. 특히 관심 있는 대상은 꽃, 그중에서도 먹을 수 있는 꽃입니다. 최근에는 빵집에도 열정적입니다. 처음에는 케이크 먹는 일에만 관심이 있었는데, 요즘 들어 케이크 만들기에도 열심입니다. 우선 직접 케이크를 만들어보려고 했지만, 손이 없어서 만들지 못하는 부분이 있다는 사실을 금세 깨달았습니다. 미끈거리는 몸은 말할 것도 없고 많이 힘들었어요. 그래도 포기하지 않았어요. 그래서 몸집이 큰 오랜 친구인 공룡 에두아르도와 함께 만들기로 했어요. 두 친구는 마을 최초의 채식 빵집을 열었습니다. 식물 재료만 사용하여 맛있는 케이크를 만들죠. 그리고 가장 아름다운 식용 꽃으로 예쁘게 장식합니다.

 QR코드를 스캔하면 다양한 피카파우 친구들을 만날 수 있습니다.

주의 머리와 몸통을 하나로 뜹니다.

난이도 ★

키
29cm(제시된 실로 떴을 때, 눈이 있는 더듬이 포함)

재료
- 우스티드 실: 아쿠아블루색, 연분홍색, 노란색, 파스텔핑크색 약간, 오프화이트색 약간, 검은색 약간
- 코바늘 C-2(2.75mm)
- 검은색 나사형 인형눈(10mm)
- 돗바늘
- 솜

필요한 기술 실고리로 원형코 만들기(32쪽), 자수(38쪽), 연결하기(39쪽), 등 연장하여 뜨기(126쪽), 태피스트리 뜨기(36쪽), 자카드 무늬뜨기(36쪽), 되돌아짧은뜨기(30쪽)

뺨(볼)

(2개, 파스텔핑크색, 원형뜨기)
1단 실고리로 원형코 만들기, 짧은뜨기 6 [6코]
2단 (늘리기)×6 [12코]
첫 코에 빼뜨기, 실을 길게 남기고 자른 뒤 마무리를 합니다.

눈 흰자

(2개, 오프화이트색, 원형뜨기)
1단 실고리로 원형코 만들기, 짧은뜨기 8(느슨하게) [8코]
고리를 너무 바짝 조이지 않도록 하세요. 첫 코에 빼뜨기, 실을 길게 남기고 자른 뒤 마무리를 합니다. 흰자의 가운데에 나사형 인형눈을 끼웁니다. 와셔는 아직 끼우지 마세요.

머리와 몸통

(아쿠아블루색 실로 시작, 원형뜨기)
눈이 있는 더듬이 2개를 만드는 것으로 시작합니다.
1단 실고리로 원형코 만들기, 짧은뜨기 7 [7코]
2단 (늘리기)×7 [14코]
3-7단 짧은뜨기 14 [14코]
눈 흰자에 끼운 인형눈을 4-5단 사이에 끼우고, 와셔를 끼웁니다. 이제 눈 흰자를 더듬이에 꿰매어 붙입니다.
8-16단 짧은뜨기 14 [14코]
첫 번째 더듬이의 실을 자르고 마무리를 한 뒤, 실 끝을 보이지 않게 정리합니다. 두 번째 더듬이의 실은 마무리하지 않습니다. 이제 더듬이를 다음 단에 연결하여 머리를 만듭니다.

주의 더듬이의 옆면에서 다음 단을 시작합니다. 아직 그 위치가 아니면 더듬이에서 몇 코를 더 뜨거나 풀어냅니다. 더듬이를 연결할 때 두 눈이 같은 방향을 보게 만드세요.

17단 사슬뜨기 4, 첫 번째 더듬이에 짧은뜨기 14, 사슬에 짧은뜨기 4, 두 번째 더듬이에 짧은뜨기 14, 사슬에 짧은뜨기 4 [36코]
18단 (짧은뜨기 5, 늘리기)×6 [42코]
19-20단 짧은뜨기 42 [42코]
21단 (짧은뜨기 6, 늘리기)×6 [48코]
22-27단 짧은뜨기 48 [48코]
검은색 실로 19-20단 사이에 입을 수놓습니다.
뺨(볼)을 17-21단 사이에 꿰매어 붙입니다. 더듬이에 솜을 가볍게 채우고 계속 뜨면서 채웁니다.
28단 (짧은뜨기 7, 늘리기)×6 [54코]
29-32단 짧은뜨기 54 [54코]
연분홍색 실로 바꿉니다.

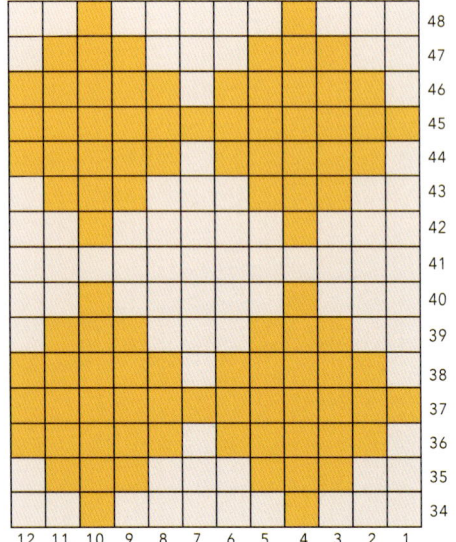

33단 짧은뜨기 54 [54코]
계속해서 상단의 그림 도안을 따라 노란색과 연분홍색 실을 번갈아 사용하여 자카드 무늬뜨기를 합니다.

34-48단 짧은뜨기 54 [54코]
계속해서 연분홍색 실로 뜹니다.

49단 짧은뜨기 54 [54코]
아쿠아블루색 실로 바꿉니다.

50단 뒷고리에만 짧은뜨기 54 [54코]

51단 짧은뜨기 12, 몸통의 옆면을 찾으세요.
아직 그 위치가 아니면 더듬이에서 몇 코를 더 뜨거나 풀어냅니다. 사슬뜨기 17(다음에 만들 코에 스티치마커를 끼웁니다. 이 코가 기초사슬코에 뜨는 첫 코이며 다음 단의 시작점입니다), 사슬코의 뒷고리에 뜨는데, 코바늘로부터 두 번째 코에서 시작하여 늘리기, 짧은뜨기 15, 기초사슬코가 시작되는 코에서 짧은뜨기 1, 이어서 몸통에서 짧은뜨기 54, 기초사슬코의 반대쪽에 짧은뜨기 16 [88코]

52단 (늘리기)×2, 짧은뜨기 85, 늘리기 [91코]

53단 (짧은뜨기 1, 늘리기)×2, 짧은뜨기 86, 늘리기 [94코]

54-57단 짧은뜨기 94 [94코]

58단 짧은뜨기 4, 줄이기, 짧은뜨기 84, 줄이기, 짧은뜨기 2 [92코]

59단 짧은뜨기 4, 줄이기, 짧은뜨기 34, 줄이기, 짧은뜨기 10, 줄이기, 짧은뜨기 34, 줄이기, 짧은뜨기 2 [88코]

60단 짧은뜨기 4, 줄이기, 짧은뜨기 32, 줄이기, 짧은뜨기 10, 줄이기, 짧은뜨기 32, 줄이기, 짧은뜨기 2 [84코]

61단 짧은뜨기 4, 줄이기, 짧은뜨기 30, 줄이기, 짧은뜨기 10, 줄이기, 짧은뜨기 30, 줄이기, 짧은뜨기 2 [80코]

62단 짧은뜨기 4, 줄이기, 짧은뜨기 28, 줄이기, 짧은뜨기 10, 줄이기, 짧은뜨기 28, 줄이기, 짧은뜨기 2 [76코]

63단 짧은뜨기 4, 줄이기, 짧은뜨기 26, 줄이기, 짧은뜨기 10, 줄이기, 짧은뜨기 26, 줄이기, 짧은뜨기 2 [72코]

64단 (짧은뜨기 4, 줄이기)×12 [60코]

65단 (짧은뜨기 8, 줄이기)×6 [54코]

66단 (짧은뜨기 7, 줄이기)×6 [48코]
머리와 몸통에 솜을 탄탄하게 채웁니다. 계속 뜨면서 채웁니다.
67단 (짧은뜨기 6, 줄이기)×6 [42코]
68단 (짧은뜨기 5, 줄이기)×6 [36코]
69단 (짧은뜨기 4, 줄이기)×6 [30코]
70단 (짧은뜨기 3, 줄이기)×6 [24코]
71단 (짧은뜨기 2, 줄이기)×6 [18코]
72단 (짧은뜨기 1, 줄이기)×6 [12코]
73단 (줄이기)×6 [6코]
실을 길게 남기고 자른 뒤 마무리를 합니다. 남긴 실을 돗바늘에 꿰어 남은 각 코의 앞고리에 통과시킨 뒤 세게 잡아당겨서 구멍을 막습니다. 실 끝을 보이지 않게 정리합니다.

발

(아쿠아블루색 실로 시작)
실을 길게 남기고 시작합니다. 사슬뜨기 80, 코가 꼬이지 않도록 주의하면서, 코바늘을 첫 번째 사슬코에 넣고 빼뜨기를 하여 기초사슬코를 연결합니다. 계속해서 나선형뜨기를 합니다.
1단 짧은뜨기 80 [80코]
2단 (늘리기)×80 [160코]
3단 (짧은뜨기 7, 늘리기)×20 [180코]
연분홍색 실로 바꿉니다.

4단 (짧은뜨기 11, 늘리기)×15 [195코]
노란색 실로 바꿉니다.
5단 (짧은뜨기 12, 늘리기)×15 [210코]
6단 사슬뜨기 1, 되돌아짧은뜨기 210 [210코]
실을 자르고 마무리한 뒤, 실 끝을 보이지 않게 정리합니다.
시침핀으로 발을 몸통 둘레의 60-63단 사이에 고정한 뒤(스커트처럼요), 남긴 아쿠아블루색 실을 돗바늘에 꿰어 꿰매어 붙입니다.
주의 직선으로 붙이는 것이 아닙니다. 발은 달팽이가 서는 데 도움이 되어야 한다는 점을 고려하세요.

껍질

주의 저는 달팽이 껍질을 만들 때 자카드 무늬뜨기를 이용하는데, 태피스트리 뜨기를 사용해도 됩니다. 이런 기법들을 잘 하지 못한다면, 단색으로 또는 가로 줄무늬 패턴으로 만들어도 됩니다.
주의 껍질은 두 부분을 꿰매어 연결하여 만듭니다.

껍질 첫 조각

(노란색 실로 시작, 원형뜨기)
1단 실고리로 원형코 만들기, 짧은뜨기 8 [8코]
계속해서 노란색과 연분홍색 실을 번갈아 사용하여 뜹니다. 늘리기의 두 번째 코는 연분홍색 실로 뜹니다. 8개의 연분홍색 선이 생깁니다.

2단 (늘리기)×8 [16코]
3단 (짧은뜨기 1, 늘리기)×8 [24코]
4단 (짧은뜨기 2, 늘리기)×8 [32코]
5단 (짧은뜨기 3, 늘리기)×8 [40코]
6단 (짧은뜨기 4, 늘리기)×8 [48코]
7단 (짧은뜨기 5, 늘리기)×8 [56코]
8단 (짧은뜨기 6, 늘리기)×8 [64코]
계속해서 연분홍색 실로 뜹니다.
9단 (짧은뜨기 7, 늘리기)×8 [72코]
노란색 실로 바꿉니다.
10단 뒷고리에만 짧은뜨기 72 [72코]
11-15단 짧은뜨기 72 [72코]
실을 자르고 마무리한 뒤, 실 끝을 보이지 않게 정리합니다.

껍질 두 번째 조각
(노란색 실로 시작)

1-9단 첫 번째 조각과 같은 방식으로 뜹니다.
실을 길게 남기고 자른 뒤 마무리를 합니다.

가운데 단추
(2개, 노란색)

1단 실고리로 원형코 만들기, 짧은뜨기 8 [8코]
2단 짧은뜨기 8 [8코]
실을 길게 남기고 자른 뒤 마무리를 합니다. 단추에는 솜을 채우지 않습니다.

껍질 연결하기

두 번째 조각에 남긴 실을 돗바늘에 꿰어 두 조각을 감침질로 연결합니다. 바늘을 껍질 첫 번째 조각(노란색 코)의 앞뒤고리 밑과 껍질 두 번째 조각의 뒷고리(연분홍색 코)에 넣습니다. 껍질을 완전히 연결하기 전에 솜을 채우는데, 너무 많이 채우지는 마세요. 껍질이 쿠션처럼 폭신폭신하고 편평해야 합니다.
껍질 첫 번째 조각 9단의 남은 앞고리에 연분홍색 실을 다시 연결하고, 빼뜨기 72코를 뜹니다. 실을 자르고 마무리를 한 뒤, 실 끝을 보이지 않게 정리합니다. 반대쪽도 감침질한 솔기의 남은 앞고리에 같은 방식으로 만듭니다.
단추를 첫 번째 조각의 중심에 꿰매어 붙입니다. 돗바늘을 반대쪽으로 잡아 빼서 단추를 살짝 안쪽으로 당깁니다. 두 번째 단추도 동일한 방법으로 껍질의 반대쪽에 꿰매어 붙입니다.
껍질은 몸통 뒷면의 중심, 55단 위에 꿰매어 붙입니다.

고래 안젤리카

안젤리카는 흰긴수염고래입니다. 이 고래는 지금까지 살았던 동물들 중 가장 큰 동물로 알려져 있는데 공룡보다도 크죠. 귀여운 공룡 에두아르도에게는 비밀입니다! 자기가 제일 크다고 생각하니까요. 다행히도 안젤리카는 숫자에 신경 쓰지 않아요. 안젤리카는 언어치료사인데, 큰 소리로 말하기, 듣기, 적절한 어휘를 찾지 못해 속마음을 이해하는 데 어려움이 있는 친구들의 의사소통 능력을 향상시켜주려고 도움을 주죠. 서로 다른 세상에 살고 있지만 안젤리카의 가장 친한 친구는 암탉 그레타입니다. 그레타는 안젤리카에게 선물하기 위해 계속 코바늘뜨기를 하고 있어요. 그런데 둘이 이야기하다 어느 순간 센티미터와 미터가 바뀌었나 봐요. 언어치료사도 의사소통에 오류가 생길 수 있으니까요. 하지만 안젤리카는 그레타가 떠준 모자가 작아도 신경 쓰지 않고 자랑스럽게 쓰고 다닙니다.

 QR코드를 스캔하면 다양한 피카파우 친구들을 만날 수 있습니다.

주의 별도의 설명이 없으면 C-2(2.75mm) 코바늘을 사용합니다.

주의 제가 만든 다른 코바늘 손뜨개 인형들처럼 이 디자인도 X-짧은뜨기로 만듭니다. V-짧은뜨기를 하시는 분은 색깔 바꾸기를 할 때 선이 돌아가기 시작할 겁니다. 직선은 불가능합니다. X-짧은뜨기도 어느 순간 선이 돌아가니까요. 그러니까 선이 돌아가도 너무 걱정하지 마세요.

난이도 ★

키
48cm(제시된 실로 떴을 때)

재료
- 우스티드 실:
  페트롤블루색(약 150g),
  오프화이트색, 파스텔핑크색,
  크림색
- 핑거링 실: 파스텔핑크색,
  오프화이트색
- 코바늘 C-2(2.75mm), B-1(2mm)
- 검은색 나사형 인형눈(10mm)
- 돗바늘
- 솜

필요한 기술 실고리로 원형코 만들기(32쪽), 기초사슬코로 타원형 뜨기(34쪽), 원형단 시작할 때 색깔 바꾸기(35쪽), 단 중간에 색깔 바꾸기(35쪽), 연결하기(39쪽), 자수(38쪽)

머리와 몸통

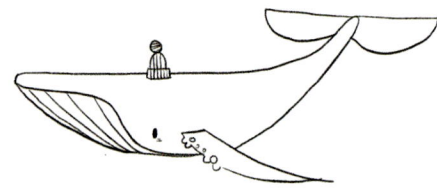

(페트롤블루색 실로 시작)

사슬뜨기 8, 기초사슬코의 양쪽에 뜹니다.

1단 코바늘에서 두 번째 코에서 시작, 늘리기, 짧은뜨기 5, 마지막 코에 짧은뜨기 3, 계속해서 기초사슬코의 반대쪽에 짧은뜨기 6 [16코]

2단 (늘리기)×2, 짧은뜨기 5, (늘리기)×3, 짧은뜨기 5, 늘리기 [22코]

계속해서 페트롤블루색과 오프화이트색 실을 번갈아 사용하여 뜹니다. 각 부분이 시작되기 전에 색깔이 제시되어 있어요.

3단 (페트롤블루) 짧은뜨기 14, (오프화이트) (짧은뜨기 1, 늘리기)×4 [26코]

4단 (페트롤블루) 짧은뜨기 14, (오프화이트) 짧은뜨기 12 [26코]

5단 (페트롤블루) (짧은뜨기 2, 늘리기)×4, 짧은뜨기 2, (오프화이트) (짧은뜨기 2, 늘리기)×4 [34코]

6-7단 (페트롤블루) 짧은뜨기 18, (오프화이트) 짧은뜨기 16 [34코]

8단 (페트롤블루) 짧은뜨기 18, (오프화이트) 짧은뜨기 6, (늘리기)×4, 짧은뜨기 6 [38코]

9-10단 (페트롤블루) 짧은뜨기 18, (오프화이트) 짧은뜨기 20 [38코]

11단 (페트롤블루) 짧은뜨기 1, 늘리기, 짧은뜨기 14, 늘리기, 짧은뜨기 1, (오프화이트) 짧은뜨기 7, (늘리기, 짧은뜨기 1)×3, 늘리기, 짧은뜨기 6 [44코]

12-14단 (페트롤블루) 짧은뜨기 20, (오프화이트) 짧은뜨기 24 [44코]

15단 (페트롤블루) 짧은뜨기 1, 늘리기, 짧은뜨기 16, 늘리기, 짧은뜨기 1, (오프화이트) 짧은뜨기 7, (늘리기, 짧은뜨기 2)×3, 늘리기, 짧은뜨기 7 [50코]

16-18단 (페트롤블루) 짧은뜨기 22, (오프화이트) 짧은뜨기 28 [50코]

19단 (페트롤블루) 짧은뜨기 1, 늘리기, 짧은뜨기 18, 늘리기, 짧은뜨기 1, (오프화이트) 짧은뜨기 9, (늘리기, 짧은뜨기 2)×3, 늘리기, 짧은뜨기 9 [56코]

20-22단 (페트롤블루) 짧은뜨기 24, (오프화이트) 짧은뜨기 32 [56코]

23단 (페트롤블루) 짧은뜨기 24, (오프화이트) 짧은뜨기 28, (페트롤블루) 짧은뜨기 4 [56코]

24단 (페트롤블루) 짧은뜨기 28, (오프화이트) 짧은뜨기 8, 늘리기, 짧은뜨기 1, 늘리기, 짧은뜨기 2, 늘리기, 짧은뜨기 1, 늘리기, 짧은뜨기 7, (페트롤블루) 짧은뜨기 5 [60코]

25단 (페트롤블루) 짧은뜨기 29, (오프화이트) 짧은뜨기 25, (페트롤블루) 짧은뜨기 6 [60코]

26단 (페트롤블루) 짧은뜨기 30, (오프화이트) 짧은뜨기 23, (페트롤블루) 짧은뜨기 7 [60코]

27단 (페트롤블루) 짧은뜨기 31, (오프화이트) 짧은뜨기 21, (페트롤블루) 짧은뜨기 8 [60코]

28-58단 (페트롤블루) 짧은뜨기 32, (오프화이트) 짧은뜨기 20, (페트롤블루) 짧은뜨기 8 [60코]

29-30단 사이에 오프화이트색 부분에서 4코 간격을 두고 나사형 인형눈을 끼웁니다. 파스텔핑크색 실로 눈 아래에 뺨(볼)을 수놓습니다. 머리에 솜을 채우고 계속 뜨면서 채웁니다.

59단 (페트롤블루) 짧은뜨기 32, (오프화이트) 짧은뜨기 4, 줄이기, 짧은뜨기 1, 줄이기, 짧은뜨기 2, 줄이기, 짧은뜨기 1, 줄이기, 짧은뜨기 4, (페트롤블루) 짧은뜨기 8 [56코]

60단 (페트롤블루) 짧은뜨기 32, (오프화이트) 짧은뜨기 16, (페트롤블루) 짧은뜨기 8 [56코]

61단 (페트롤블루) 짧은뜨기 32, (오프화이트) 짧은뜨기 5, 줄이기, 짧은뜨기 2, 줄이기, 짧은뜨기 5, (페트롤블루) 짧은뜨기 8 [54코]

62단 (페트롤블루) 짧은뜨기 32, (오프화이트) 짧은뜨기 14, (페트롤블루) 짧은뜨기 8 [54코]

63단 (페트롤블루) 짧은뜨기 32, (오프화이트) 짧은뜨기 3, 줄이기, 짧은뜨기 4, 줄이기, 짧은뜨기 3, (페트롤블루) 짧은뜨기 8 [52코]

64단 (페트롤블루) 짧은뜨기 29, 줄이기, 짧은뜨기 1, (오프화이트) 짧은뜨기 12, (페트롤블루) 짧은뜨기 1, 줄이기, 짧은뜨기 5 [50코]

65단 (페트롤블루) 짧은뜨기 31, (오프화이트) 짧은뜨기 4, (줄이기)×2, 짧은뜨기 4, (페트롤블루) 짧은뜨기 7 [48코]

66단 (페트롤블루) 짧은뜨기 28, 줄이기, 짧은뜨기 1, (오프화이트) 짧은뜨기 10, (페트롤블루) 짧은뜨기 1, 줄이기, 짧은뜨기 4 [46코]

67단 (페트롤블루) 짧은뜨기 30, (오프화이트) (짧은뜨기 2, 줄이기)×2, 짧은뜨기 2, (페트롤블루) 짧은뜨기 6 [44코]

68단 (페트롤블루) 짧은뜨기 27, 줄이기, 짧은뜨기 1, (오프화이트) 짧은뜨기 8, (페트롤블루) 짧은뜨기 1, 줄이기, 짧은뜨기 3 [42코]

69단 (페트롤블루) 짧은뜨기 29, (오프화이트) 짧은뜨기 2, (줄이기)×2, 짧은뜨기 2, (페트롤블루) 짧은뜨기 5 [40코]

70단 (페트롤블루) 짧은뜨기 26, 줄이기, 짧은뜨기 1, (오프화이트) 짧은뜨기 6, (페트롤블루) 짧은뜨기 1, 줄이기, 짧은뜨기 2 [38코]

71단 (페트롤블루) 짧은뜨기 28, (오프화이트) 짧은뜨기 1, (줄이기)×2, 짧은뜨기 1, (페트롤블루) 짧은뜨기 4 [36코]

72단 (페트롤블루) 짧은뜨기 25, 줄이기, 짧은뜨기 1, (오프화이트) 짧은뜨기 4, (페트롤블루) 짧은뜨기 1, 줄이기, 짧은뜨기 1 [34코]

73단 (페트롤블루) 짧은뜨기 27, (오프화이트) (줄이기)×2, (페트롤블루) 짧은뜨기 3 [32코]

계속해서 페트롤블루색 실로 뜹니다.

74단 짧은뜨기 24, 줄이기, 짧은뜨기 4, 줄이기 [30코]

75단 짧은뜨기 30 [30코]

76단 짧은뜨기 24, 줄이기, 짧은뜨기 4 [29코]

77단 줄이기, 짧은뜨기 27 [28코]

78단 짧은뜨기 28 [28코]

79단 짧은뜨기 24, (줄이기)×2 [26코]

80단 짧은뜨기 26 [26코]

81단 짧은뜨기 2, 줄이기, 짧은뜨기 18, 줄이기, 짧은뜨기 2 [24코]

82단 짧은뜨기 24 [24코]

83단 짧은뜨기 1, 줄이기, 짧은뜨기 18, 줄이기, 짧은뜨기 1 [22코]

84단 짧은뜨기 22 [22코]

85단 줄이기, 짧은뜨기 18, 줄이기 [20코]

86단 짧은뜨기 20 [20코]

87단 짧은뜨기 1, 줄이기, 짧은뜨기 14, 줄이기, 짧은뜨기 1 [18코]

88-89단 짧은뜨기 18 [18코]

90단 (짧은뜨기 1, 줄이기)×6 [12코]

91단 (줄이기)×6 [6코]

실을 길게 남기고 자른 뒤 마무리를 합니다. 남긴 실을 돗바늘에 꿰어 남은 각 코의 앞고리에 통과시킨 뒤 세게 잡아당겨서 구멍을 막습니다. 실 끝을 보이지 않게 정리합니다.

배 주름
(오프화이트색)

주의 배 주름은 선택사항이므로, 만들고 싶지 않으면 빼도 됩니다.

첫 번째 배 주름은 주둥이 끝인 페트롤블루색에서 3-4코 떨어져 있습니다. 코바늘을 2-3단 사이에 넣고 오프화이트색 실을 연결하여 고리를 잡아 빼고, 표면에 빼뜨기 1코를 뜹니다. 그리고 코바늘을 옆 코, 배 부분 3-4단 사이에 넣고 고리를 잡아 빼서 표면에 빼뜨기 1코를 뜹니다. 이어서 고래 몸통의 끝, 페트롤블루색 가장자리까지 계속 표면에 빼뜨기를 뜹니다.

실을 자르고 마무리한 뒤, 실 끝을 보이지 않게 정리합니다.

같은 방식으로 배 주름 6개를 더 만듭니다.

꼬리

(페트롤블루색, 원형뜨기)

- **1단** 실고리로 원형코 만들기, 짧은뜨기 5 [5코]
- **2단** (늘리기)×5 [10코]
- **3단** (늘리기)×10 [20코]
- **4단** (짧은뜨기 1, 늘리기)×10 [30코]
- **5단** (짧은뜨기 2, 늘리기)×10 [40코]
- **6단** (짧은뜨기 3, 늘리기)×10 [50코]
- **7단** (짧은뜨기 4, 늘리기)×10 [60코]
- **8단** (짧은뜨기 5, 늘리기)×10 [70코]
- **9단** (짧은뜨기 6, 늘리기)×10 [80코]
- **10단** (짧은뜨기 7, 늘리기)×10 [90코]
- **11단** 짧은뜨기 90 [90코]

실을 마무리하지 않습니다. 꼬리를 반으로 접고 편평하게 폅니다. 두 겹을 겹친 상태에서 함께 다음 단을 뜹니다. 꼬리에는 솜을 채우지 않아도 됩니다.

- **12단** 빼뜨기 45 [45코]

실을 자르고 마무리를 한 뒤, 실 끝을 보이지 않게 정리합니다. 꼬리를 몸통 89-91단 위에 꿰매어 붙입니다.

지느러미

(2개, 페트롤블루색, 원형뜨기)

1단 실고리로 원형코 만들기, 짧은뜨기 6 [6코]
2단 짧은뜨기 6 [6코]
3단 짧은뜨기 1, 늘리기, 짧은뜨기 4 [7코]
4단 짧은뜨기 7 [7코]
5단 짧은뜨기 2, 늘리기, 짧은뜨기 4 [8코]
6단 짧은뜨기 8 [8코]
7단 짧은뜨기 3, 늘리기, 짧은뜨기 4 [9코]
8단 짧은뜨기 9 [9코]
9단 짧은뜨기 3, 늘리기, 짧은뜨기 1, 늘리기, 짧은뜨기 3 [11코]
10-11단 짧은뜨기 11 [11코]
12단 짧은뜨기 4, 늘리기, 짧은뜨기 1, 늘리기, 짧은뜨기 4 [13코]
13-14단 짧은뜨기 13 [13코]
15단 짧은뜨기 5, 늘리기, 짧은뜨기 1, 늘리기, 짧은뜨기 5 [15코]

주의 이후 단에서 지느러미에 방울을 추가하여 뜹니다. 위치는 정해져 있지 않아요. 지느러미 겉면에 2~3단마다 2~3코 간격으로 만듭니다.

16-32단 짧은뜨기 15, 중간에 겉면 적당한 곳에서 한길긴뜨기 5코 구슬뜨기를 뜹니다 [15코]
33-34단 짧은뜨기 15 [15코]

실을 길게 남기고 자른 뒤 마무리를 합니다. 지느러미에는 솜을 채우지 않아도 됩니다. 지느러미를 편평하게 펴서 몸통의 양옆 34-41단 사이, 오프화이트색 배 부분 바로 옆에 꿰매어 붙입니다.

구명부표

(크림색 실로 시작)

사슬뜨기 40, 사슬코가 꼬이지 않도록 주의하면서 코바늘을 첫 사슬코에 넣고 빼뜨기를 하여 기초사슬코를 연결합니다. 계속해서 크림색과 파스텔핑크색 실을 번갈아 사용하여 나선형뜨기를 합니다. 각 부분이 시작되기 전에 색깔이 제시되어 있어요.

1단 ((크림색) 짧은뜨기 4, 늘리기, (파스텔핑크) 짧은뜨기 4, 늘리기)×4 [48코]

2단 ((크림색) 짧은뜨기 5, 늘리기, (파스텔핑크) 짧은뜨기 5, 늘리기)×4 [56코]

3단 ((크림색) 짧은뜨기 6, 늘리기, (파스텔핑크) 짧은뜨기 6, 늘리기)×4 [64코]

4단 ((크림색) 짧은뜨기 7, 늘리기, (파스텔핑크) 짧은뜨기 7, 늘리기)×4 [72코]

5단 ((크림색) 짧은뜨기 8, 늘리기, (파스텔핑크) 짧은뜨기 8, 늘리기)×4 [80코]

6-15단 ((크림색) 짧은뜨기 10, (파스텔핑크) 짧은뜨기 10)×4 [80코]

16단 ((크림색) 줄이기, 짧은뜨기 8, (파스텔핑크) 줄이기, 짧은뜨기 8)×4 [72코]

17단 ((크림색) 줄이기, 짧은뜨기 7, (파스텔핑크) 줄이기, 짧은뜨기 7)×4 [64코]

18단 ((크림색) 줄이기, 짧은뜨기 6, (파스텔핑크) 줄이기, 짧은뜨기 6)×4 [56코]

19단 ((크림색) 줄이기, 짧은뜨기 5, (파스텔핑크) 줄이기, 짧은뜨기 5)×4 [48코]

20단 ((크림색) 줄이기, 짧은뜨기 4, (파스텔핑크) 줄이기, 짧은뜨기 4)×4 [40코]

실을 길게 남기고 자른 뒤 마무리를 합니다. 20단과 1단을 꿰매어 동그랗게 만듭니다. 꿰매면서 솜을 채웁니다.

미니 모자

(파스텔핑크색, 핑거링 실, B-1(2㎜) 코바늘 사용)

128쪽 갈매기 알베르토의 모자의 패턴대로 만듭니다.

모조 폼폼 또는 미니볼

(핑거링 실, B-1(2㎜) 코바늘 사용, 파스텔핑크색으로 시작)

1단 실고리로 원형코 만들기, 짧은뜨기 6 [6코]

오프화이트색 실로 바꿉니다.

2단 (늘리기)×6 [12코]

계속해서 파스텔핑크색과 오프화이트색 실로 단마다 색깔을 바꾸어 스트라이프 패턴을 뜹니다.

3단 (짧은뜨기 1, 늘리기)×6 [18코]

4-6단 짧은뜨기 18 [18코]

7단 (짧은뜨기 1, 줄이기)×6 [12코]

솜을 가볍게 채웁니다.

8단 (줄이기)×6 [6코]

실을 길게 남기고 자른 뒤 마무리를 합니다. 폼폼을 모자 끝에 꿰매어 답니다.

닥스훈트 로베르토

사전에서 '기쁨(joy)'이라는 단어를 찾아보면, 로베르토의 사진이 떠오를 가능성이 큽니다. 전형적인 로베르토의 모습은 얼굴에 그린 듯한 미소를 띠고 필요로 하는 모든 이에게 앞발을 내미는 것이죠. 로베르토는 다른 이들의 이야기에 귀를 기울이고, 어떤 상황에서도 희망을 찾아내는 아름다운 재능의 소유자입니다. 로베르토는 이탈리아 음식을 정말 좋아합니다. 그래서 이탈리아에 있는 아름다운 '미누스쿨로' 호텔에서 일하기로 한 것이 전혀 놀랍지 않아요. 이곳에서 로베르토는 활짝 웃으며 손님을 맞이하고, 마주치는 이들과 이야기를 나누고, 손님이 여행의 버킷리스트를 체크하는 것을 도와주고, 최고의 이탈리아 음식을 먹을 수 있는 식당에 대하여 조언을 해줍니다. 로베르토의 유일한 흠이라면 유난한 마늘 사랑이라고 할 수 있어요. 하루 종일 사람들을 상대해야 하는 일을 할 때 문제가 될 수 있으니까요.

 QR코드를 스캔하면 다양한 피카파우 친구들을 만날 수 있습니다.

주의 머리와 몸통, 다리를 하나로 뜹니다.

난이도 ★

키
20cm, 몸길이 30cm(제시된 실로 떴을 때)

재료
- 우스티드 실:
  머스터드옐로색, 검은색,
  오프화이트색, 틸그린색
- 코바늘 C-2(2.75mm)
- 검은색 타원 나사형
  인형눈(12mm)
- 돗바늘
- 솜

필요한 기술 실고리로 원형코 만들기(32쪽), 원형단 시작할 때 색깔 바꾸기(35쪽), 몸통을 네 부분으로 나누기(패턴에서 설명), 백스티치(38쪽), 연결하기(39쪽), 자수(38쪽)

머리

(검은색 실로 시작, 원형뜨기)
코부터 시작합니다.
1단 실고리로 원형코 만들기, 짧은뜨기 6 [6코]
2단 (늘리기)×6 [12코]
3-6단 짧은뜨기 12 [12코]
머스터드옐로색 실로 바꿉니다.
주의 검은색 실을 마무리할 때, 실을 길게 남겨서 나중에 입을 수놓습니다.
7단 (짧은뜨기 1, 늘리기)×6 [18코]
8-11단 짧은뜨기 18 [18코]
12단 짧은뜨기 8, (늘리기)×2, 짧은뜨기 8 [20코]
13-14단 짧은뜨기 20 [20코]
15단 짧은뜨기 9, 늘리기, 짧은뜨기 1, 늘리기, 짧은뜨기 8 [22코]
16-17단 짧은뜨기 22 [22코]
18단 짧은뜨기 10, 늘리기, 짧은뜨기 2, 늘리기, 짧은뜨기 8 [24코]
19-20단 짧은뜨기 24 [24코]
21단 짧은뜨기 7, (늘리기, 짧은뜨기 1)×5, 늘리기, 짧은뜨기 6 [30코]
22단 짧은뜨기 30 [30코]
23단 짧은뜨기 8, (늘리기, 짧은뜨기 2)×5, 늘리기, 짧은뜨기 6 [36코]
24단 짧은뜨기 36 [36코]
25단 짧은뜨기 9, (늘리기, 짧은뜨기 3)×5, 늘리기, 짧은뜨기 6 [42코]
26-27단 짧은뜨기 42 [42코]
검은색 실로 다음과 같이 입을 수놓습니다. 7단부터 21단까지 세로로 15개의 백스티치, 21-22단 사이에 가로로 10개의 백스티치를 수놓으세요. 코에 솜을 채웁니다.
28단 짧은뜨기 10, (늘리기, 짧은뜨기 4)×5, 늘리기, 짧은뜨기 6 [48코]
29-35단 짧은뜨기 48 [48코]
26-27단 사이에, 꼭대기에서 약 20코 간격을 두고 나사형 인형눈을 끼웁니다.
36단 (짧은뜨기 6, 줄이기)×6 [42코]
37단 짧은뜨기 42 [42코]
38단 (짧은뜨기 5, 줄이기)×6 [36코]
39단 (짧은뜨기 4, 줄이기)×6 [30코]
40단 (짧은뜨기 3, 줄이기)×6 [24코]
머리에 솜을 탄탄하게 채웁니다.
41단 (짧은뜨기 2, 줄이기)×6 [18코]
42단 (짧은뜨기 1, 줄이기)×6 [12코]

43단 (줄이기)×6 [6코]

실을 길게 남기고 자른 뒤 마무리를 합니다. 남긴 실을 돗바늘에 꿰어 남은 각 코의 앞고리에 통과시킨 뒤 세게 잡아당겨서 구멍을 막습니다. 실 끝을 보이지 않게 정리합니다.

몸통

(머스터드옐로색 실로 시작)

시작하는 실을 길게 남기고 목에서 시작합니다. 사슬뜨기 20, 코가 꼬이지 않도록 주의하면서 코바늘을 첫 번째 사슬코에 넣고 빼뜨기를 하여 기초사슬코를 연결합니다. 계속해서 나선형뜨기를 합니다.

1-2단 짧은뜨기 20 [20코]

계속해서 오프화이트색 실과 틸그린색 실로 단마다 색깔을 바꾸어 스트라이프 패턴을 뜹니다.

3단 (짧은뜨기 4, 늘리기)×4 [24코]

4-5단 짧은뜨기 24 [24코]

6단 (짧은뜨기 5, 늘리기)×4 [28코]

7-9단 짧은뜨기 28 [28코]

머스터드옐로색 실로 바꿉니다.

10단 사슬뜨기 31(다음에 만들 코에 스티치마커를 끼웁니다. 이 코가 기초사슬코에 뜨는 첫 코이며 다음 단의 시작점입니다), 사슬코의 뒷고리에 뜨는데, 코바늘로부터 두 번째 코에서 시작하여 늘리기, 짧은뜨기 29, 기초사슬코가 시작되는 코에서 짧은뜨기 1, 이어서 목의 뒷고리에만 짧은뜨기 28, 기초사슬코의 반대쪽에 짧은뜨기 30 [90코]

11단 짧은뜨기 1, 늘리기, 짧은뜨기 87, 늘리기 [92코]

12단 짧은뜨기 2, 늘리기, 짧은뜨기 88, 늘리기 [94코]

13단 짧은뜨기 3, 늘리기, 짧은뜨기 89, 늘리기 [96코]

14-20단 짧은뜨기 96 [96코]

실을 마무리하지 않습니다.

다리

다리 4개를 뜨기 위해 편물의 코를 나누어야 합니다.

첫 번째 뒷다리

먼저 몸통의 등에서 중심 코를 찾으세요. 아직 그 위치가 아니면 그곳에 이를 때까지 계속 뜹니다. 짧은뜨기 1, 다음에 만들 코에 스티치마커를 끼웁니다. 짧은뜨기 9, 사슬뜨기 7, 빼뜨기로 마지막 코를 스티치마커가 끼워진 코와 연결합니다. 계속해서 첫 번째 뒷다리를 뜹니다.

1단 몸통에 짧은뜨기 9, 사슬에 짧은뜨기 7 [16코]

2-3단 짧은뜨기 16 [16코]

4단 (짧은뜨기 6, 줄이기)×2 [14코]

5단 짧은뜨기 14 [14코]

6단 (짧은뜨기 5, 줄이기)×2 [12코]

7단 짧은뜨기 12 [12코]

8단 (줄이기)×6 [6코]

실을 길게 남기고 자른 뒤 마무리를 합니다. 남긴 실을 돗바늘에 꿰어 남은 각 코의 앞고리에 통과시킨 뒤 세게 잡아당겨서 구멍을 막습니다. 실 끝을 보이지 않게 정리합니다.

첫 번째 앞다리

첫 번째 뒷다리부터 27코를 셉니다(이곳은 배 부분이 됩니다). 스물여덟 번째 코에 머스터드옐로색 실 고리를 잡아 빼고 이 코에 짧은뜨기 1, 계속해서 짧은뜨기 8, 사슬뜨기 7, 빼뜨기로 마지막 코를 첫 번째 짧은뜨기 코와 연결합니다.

1-8단 첫 번째 뒷다리의 1-8단을 반복합니다.

두 번째 앞다리

첫 번째 앞다리의 왼쪽으로 3코를 셉니다(두 다리 사이의 공간입니다). 네 번째 코에 머스터드옐로색 실 고리를 잡아 빼고 이 코에 짧은뜨기 1, 계속해서 짧은뜨기 8, 사슬뜨기 7, 빼뜨기로 마지막 코를 첫 번째 짧은뜨기 코와 연결합니다.

1-8단 첫 번째 뒷다리의 1-8단을 반복합니다.

두 번째 뒷다리

두 번째 앞다리의 왼쪽으로 27코를 셉니다(이곳은 배 부분의 다른 쪽입니다). 스물여덟 번째 코에 머스터드옐로색 실 고리를 잡아 빼고 이 코에 짧은뜨기 1, 계속해서 짧은뜨기 8, 사슬뜨기 7, 빼뜨기로 마지막 코를 첫 번째 짧은뜨기 코와 연결합니다.

1-8단 첫 번째 뒷다리의 1-8단을 반복합니다.

배

이제 네 다리 사이에는 측면을 따라 27코 공간, 앞다리 사이에 3코 공간, 뒷다리 사이에 3코 공간이 있습니다. 이 코들로 덮개를 떠서 배 부분을 만듭니다. 먼저 27코 공간에서 시작하는데, 처음 만든 다리의 옆 첫 번째 코에서 머스터드옐로색 실 고리를 잡아 빼서 평면뜨기를 합니다.

1-10단 짧은뜨기 27, 사슬뜨기 1, 방향 바꾸기 [27코]

실을 길게 남기고 자른 뒤 마무리를 합니다.

다리 사이의 덮개

뒷다리 덮개를 만들기 위해, 마지막으로 만든 다리의 옆 첫 번째 코에 머스터드옐로색 실 고리를 잡아 빼서 평면뜨기를 합니다.

1-4단 짧은뜨기 3, 사슬뜨기 1, 방향 바꾸기 [3코]

실을 길게 남기고 자른 뒤 마무리를 합니다. 같은 방식으로 앞다리 사이의 덮개를 만듭니다.

몸통 연결하기

돗바늘로 앞다리 덮개를 두 앞다리에, 뒷다리 덮개를 두 뒷다리에 꿰매어 붙입니다. 각 다리에 솜을 탄탄하게 채웁니다. 돗바늘로 넓은 배 부분 덮개를 몸통 배 부분의 반대쪽에 꿰매어 붙입니다. 그 후 복부 덮개를 두 다리와 두 다리 사이의 덮개에 꿰매어 붙이면서 솜을 채웁니다. 머리를 몸통에 꿰매어 붙입니다. 필요하면 머리를 연결하기 전에 목 밑 부분에 솜을 더 채웁니다.

주의 이 닥스훈트의 목에서 스트라이프 패턴이 시작되기 전에 머스터드옐로색 단이 두 단이 아니라 한 단으로 보일 수 있어요. 머리와 몸통을 좀 더 튼튼하게 연결하기 위해 첫 단에서 꿰맸기 때문입니다.

귀

(2개, 검은색, 원형뜨기)

1단 실고리로 원형코 만들기, 짧은뜨기 6 [6코]
2단 (늘리기)×6 [12코]
3단 (짧은뜨기 1, 늘리기)×6 [18코]
4단 짧은뜨기 18 [18코]
5단 (짧은뜨기 2, 늘리기)×6 [24코]
6-8단 짧은뜨기 24 [24코]
9단 (짧은뜨기 4, 줄이기)×4 [20코]
10-11단 짧은뜨기 20 [20코]
12단 (짧은뜨기 3, 줄이기)×4 [16코]
13-18단 짧은뜨기 16 [16코]

실을 길게 남기고 자른 뒤 마무리를 합니다. 귀에는 솜을 채우지 않아도 됩니다. 귀를 편평하게 펴서 머리 29-36단 사이에 꿰매어 붙입니다.

꼬리

(검은색, 원형뜨기)

1단 실고리로 원형코 만들기, 짧은뜨기 5 [5코]
2-4단 짧은뜨기 5 [5코]

실을 길게 남기고 자른 뒤 마무리를 합니다. 꼬리에는 솜을 채우지 않아도 됩니다. 꼬리를 10-11단의 등 가운데에 꿰매어 붙입니다.

기린 아멜리아

아멜리아는 사물의 작동 원리를 알아야 직성이 풀립니다. 그래서 무엇을 발견하든 몇 시간이고 그것을 다시 조립해 봅니다. 재조립에 항상 성공하지는 못하지만, 성공하려고 노력하는 것은 확실합니다. 아멜리아는 모든 것을 보고 싶어 하고, 하고 싶어 하고, 발견하고 싶어 합니다. 그런 아멜리아도 무서워하는 것이 있는데, 바로 비행기와 배를 타는 것입니다. 아멜리아는 기계 엔지니어이기 때문에 비행사나 선원들과 대화할 기회가 많아요. 그래서 비행기와 배를 타는 끔찍한 경험을 하지 않고도 그들에게서 여행과 모험에 대한 온갖 이야기를 들을 수 있죠. 그렇지만 아멜리아는 그 놀라운 수송기들의 기계 장치에 대하여 공부했기 때문에, 다음 목표는 용기를 내어 첫 비행과 항해에 도전하고 드디어 세상을 발견하는 것이랍니다.

 QR코드를 스캔하면 다양한 피카파우 친구들을 만날 수 있습니다.

난이도 ★

키
50cm(제시된 실로 떴을 때, 뿔 포함)

재료
- 우스티드 실: 밝은 웜그레이색, 오프화이트색, 흑연색, 파스텔핑크색 약간, 검은색, 틸그린색
- 코바늘 C-2(2.75mm)
- 돗바늘
- 솜

필요한 기술 실고리로 원형코 만들기(32쪽), 몸통을 네 부분으로 나누기(160쪽), 기초사슬코로 타원형 뜨기(34쪽), 연결하기(39쪽), 자수(38쪽)

주의 머리, 몸통, 다리는 하나로 뜹니다.

눈 흰자

(2개, 오프화이트색)

사슬뜨기 5, 기초사슬코의 양쪽에 뜹니다.
1단 코바늘에서 두 번째 코에서 시작, 늘리기, 짧은뜨기 2, 마지막 코에서 짧은뜨기 3, 계속해서 기초사슬코의 반대쪽에 뜹니다. 짧은뜨기 3 [10코]
2단 짧은뜨기 1, 늘리기, 짧은뜨기 2, 늘리기, 짧은뜨기 1, 늘리기, 짧은뜨기 2, 늘리기 [14코]
실을 길게 남기고 자른 뒤 마무리를 합니다. 검은색 실로 눈을 수놓습니다.

주둥이

(오프화이트색 실로 시작, 원형뜨기)

1단 실고리로 원형코 만들기, 짧은뜨기 6 [6코]
2단 (늘리기)×6 [12코]
3단 (짧은뜨기 1, 늘리기)×6 [18코]
4단 (짧은뜨기 2, 늘리기)×6 [24코]
5-6단 짧은뜨기 24 [24코]
밝은 웜그레이색 실로 바꿉니다.
7단 짧은뜨기 24 [24코]
8단 (짧은뜨기 5, 늘리기)×4 [28코]
9-10단 짧은뜨기 28 [28코]
11단 (짧은뜨기 6, 늘리기)×4 [32코]
12-13단 짧은뜨기 32 [32코]
14단 (짧은뜨기 7, 늘리기)×4 [36코]
15단 짧은뜨기 36 [36코]
실을 길게 남기고 자른 뒤 마무리를 합니다. 검은색 실로 코와 입을 수놓습니다. 주둥이에 솜을 채웁니다.

머리와 몸통

(밝은 웜그레이색 실로 시작, 원형뜨기)

1단 실고리로 원형코 만들기, 짧은뜨기 6 [6코]
2단 (늘리기)×6 [12코]
3단 (짧은뜨기 1, 늘리기)×6 [18코]
4단 (짧은뜨기 2, 늘리기)×6 [24코]
5단 (짧은뜨기 3, 늘리기)×6 [30코]
6단 (짧은뜨기 4, 늘리기)×6 [36코]
7-20단 짧은뜨기 36 [36코]
주둥이를 6-18단 사이에 꿰매어 붙이는데, 원형단이 시작하는 곳의 반대편에 놓아야 합니다.
주의 주둥이가 기린의 머리에 비해 다소 크기 때문에 지금 바느질하기가 약간 귀찮을 수 있어요. 저는 그렇게 하는 것이 좋지만, 지금 내키지 않으면 몸통을 완성하고 솜을 채운 후에 주둥이를 꿰맬 수도 있습니다.

눈을 11-17단 사이, 주둥이 바로 옆에 꿰매어 붙입니다. 눈 아래에 파스텔핑크색 실로 뺨(볼)을 수놓습니다.

계속해서 흑연색 2단, 오프화이트색 2단의 스트라이프 패턴을 뜹니다. 머리에 솜을 채우고, 계속 목을 뜨면서 솜을 채웁니다.

주의 늘리기는 등 중심에 있어야 합니다. 21단을 시작할 때 그 위치에 있지 않다면, 몇 코를 더 뜨거나 풀어야 합니다.

21단 늘리기, 짧은뜨기 35 [37코]

주의 색깔을 바꾼 선을 직선으로 유지하고 싶다면, 색깔 바꾸기를 각 늘리기 코의 두 번째 코 위에서 해야 합니다.

22-28단 짧은뜨기 37 [37코]
29단 짧은뜨기 1, 늘리기, 짧은뜨기 35 [38코]
30-36단 짧은뜨기 38 [38코]
37단 짧은뜨기 2, 늘리기, 짧은뜨기 35 [39코]
38-44단 짧은뜨기 39 [39코]
45단 짧은뜨기 3, 늘리기, 짧은뜨기 35 [40코]
46-52단 짧은뜨기 40 [40코]
53단 짧은뜨기 4, 늘리기, 짧은뜨기 35 [41코]
54-60단 짧은뜨기 41 [41코]

틸그린색 실로 바꿉니다.

61단 짧은뜨기 5, 늘리기, 짧은뜨기 35 [42코]
62단 짧은뜨기 42 [42코]

밝은 웜그레이색 실로 바꿉니다.

63단 뒷고리에만 짧은뜨기 42 [42코]
64단 몸통의 등에서 중심 코를 찾으세요. 아직 그 위치가 아니면 그곳에 이를 때까지 계속 뜹니다. 사슬뜨기 12(다음에 만들 코에 스티치마커를 끼웁니다. 이 코가 기초사슬코에 뜨는 첫 코이며 다음 단의 시작점입니다), 사슬코의 뒷고리에 뜨는데, 코바늘로부터 두 번째 코부터 시작하여 짧은뜨기 11, 기초사슬코가 시작되는 코에 짧은뜨기 1, 이어서 몸통에서 짧은뜨기 42, 기초사슬코의 반대쪽에 짧은뜨기 10, 늘리기 [66코]
65단 짧은뜨기 1, 늘리기, 짧은뜨기 28, (늘리기, 짧은뜨기 1)×2, 늘리기, 짧은뜨기 28, 늘리기, 짧은뜨기 1, 늘리기 [72코]
66단 (늘리기)×2, 짧은뜨기 68, (늘리기)×2 [76코]
67단 짧은뜨기 2, 늘리기, 짧은뜨기 69, 늘리기, 짧은뜨기 3 [78코]
68단 짧은뜨기 3, 늘리기, 짧은뜨기 31, (늘리기, 짧은뜨기 2)×2, 늘리기, 짧은뜨기 32, 늘리기, 짧은뜨기 3 [83코]
69단 늘리기, 짧은뜨기 3, 늘리기, 짧은뜨기 74, 늘리기, 짧은뜨기 3 [86코]
70-81단 짧은뜨기 86 [86코]

실을 마무리하지 않습니다.

다리

다리 4개를 만들기 위해 몸통의 코를 나누어야 합니다.

첫 번째 뒷다리

먼저 몸통의 등에서 중심 코를 찾으세요. 아직 그 위치가 아니면 그곳에 이를 때까지 계속 뜹니다. 짧은뜨기 3, 다음에 만들 코에 스티치마커를 끼웁니다. 짧은뜨기 12, 사슬뜨기 8, 빼뜨기로 마지막 코를 스티치마커가 끼워진 코와 연결합니다.

계속해서 첫 번째 뒷다리를 뜹니다.

1단 몸통에 짧은뜨기 12, 사슬에 짧은뜨기 8 [20코]
2-16단 짧은뜨기 20 [20코]

오프화이트색 실로 바꿉니다.

17-21단 짧은뜨기 20 [20코]

검은색 실로 바꿉니다.

22-24단 짧은뜨기 20 [20코]
25단 (짧은뜨기 2, 줄이기)×5 [15코]
26단 (짧은뜨기 1, 줄이기)×5 [10코]
27단 (줄이기)×5 [5코]

실을 길게 남기고 자른 뒤 마무리를 합니다. 남긴 실을 돗바늘에 꿰어 남은 각 코의 앞고리에 통과시킨 뒤 세게 잡아당겨서 구멍을 막습니다. 실 끝을 보이지 않게 정리합니다.

첫 번째 앞다리

첫 번째 뒷다리부터 13코를 셉니다(이곳은 배 부분이 됩니다). 열네 번째 코에 밝은 웜그레이색 실 고리를 잡아 빼고 이 코에 짧은뜨기 1, 계속해서 짧은뜨기 11, 사슬뜨기 8, 빼뜨기로 마지막 코를 첫 번째 짧은뜨기 코와 연결합니다.

1-27단 첫 번째 뒷다리의 1-27단을 반복합니다.

두 번째 앞다리

첫 번째 앞다리의 왼쪽으로 6코를 셉니다(두 다리 사이의 공간입니다). 일곱 번째 코에 밝은 웜그레이색 실 고리를 잡아 빼고 이 코에 짧은뜨기 1, 계속해서 짧은뜨기 11, 사슬뜨기 8, 빼뜨기로 마지막 코를 첫 번째 짧은뜨기 코와 연결합니다.

1-27단 첫 번째 뒷다리의 1-27단을 반복합니다.

두 번째 뒷다리

두 번째 앞다리의 왼쪽으로 13코를 셉니다(이곳은 다른 쪽 배 부분입니다). 열네 번째 코에 밝은 웜그레이색 실 고리를 잡아 빼고 이 코에 짧은뜨기 1, 계속해서 짧은뜨기 11, 사슬뜨기 8, 빼뜨기로 마지막 코를 첫 번째 짧은뜨기 코와 연결합니다.
1-27단 첫 번째 뒷다리의 1-27단을 반복합니다.

배

이제 네 다리 사이에는 측면을 따라 13코 공간, 앞다리 사이에 6코 공간, 뒷다리 사이에 6코 공간이 있습니다. 이 코들로 덮개를 떠서 배 부분을 만듭니다. 먼저 13코 공간에서 시작하는데, 처음 만든 다리의 옆 첫 번째 코에서 밝은 웜그레이색 실 고리를 잡아 빼서 평면뜨기를 합니다.
1-14단 짧은뜨기 13, 사슬뜨기 1, 방향 바꾸기
실을 길게 남기고 자른 뒤 마무리를 합니다.

다리 사이의 덮개

뒷다리 덮개를 만들기 위해, 마지막으로 만든 다리의 옆 첫 번째 코에서 밝은 웜그레이색 실 고리를 잡아 빼서 평면뜨기를 합니다.
1-4단 짧은뜨기 6, 사슬뜨기 1, 방향 바꾸기 [6코]
실을 길게 남기고 자른 뒤 마무리를 합니다. 같은 방식으로 앞다리 사이의 덮개를 만듭니다.

몸통 연결하기

돗바늘로 앞다리 덮개를 두 앞다리에, 뒷다리 덮개를 두 뒷다리에 꿰매어 붙입니다. 각 다리에 솜을 탄탄하게 채웁니다.
돗바늘로 넓은 배 부분 덮개를 몸통 배 부분의 반대쪽에 꿰매어 붙입니다.
그 후 배 부분의 덮개를 두 다리와 두 다리 사이의 덮개에 꿰매어 붙이면서 솜을 채웁니다.

겉귀

(2개, 밝은 웜그레이색, 원형뜨기)
1단 실고리로 원형코 만들기, 짧은뜨기 6 [6코]
2단 (짧은뜨기 1, 늘리기)×3 [9코]
3단 (짧은뜨기 2, 늘리기)×3 [12코]
4단 짧은뜨기 12 [12코]
5단 (짧은뜨기 3, 늘리기)×3 [15코]
6단 짧은뜨기 15 [15코]
7단 (짧은뜨기 4, 늘리기)×3 [18코]
8-11단 짧은뜨기 18 [18코]
12단 (짧은뜨기 1, 줄이기)×6 [12코]
13-15단 짧은뜨기 12 [12코]
실을 길게 남기고 자른 뒤 마무리를 합니다. 솜을 채우지 않습니다.

속귀

(2개, 오프화이트색 실로 시작)
사슬뜨기 8, 기초사슬코의 양쪽에 뜹니다.
1단 코바늘에서 두 번째 코부터 시작, 늘리기, 짧은뜨기 5, 마지막 코에서 짧은뜨기 3, 검은색 실로 바꾸고 계속해서 기초사슬코의 반대쪽에 뜹니다. 짧은뜨기 1, 긴뜨기 2, 한길긴뜨기 2, 긴뜨기 1 [16코]
오프화이트색 실로 바꾸고, 검은색 실은 마무리 합니다.
2단 (늘리기, 짧은뜨기 7)×2 [18코]
첫 코에 빼뜨기, 실을 길게 남기고 자른 뒤 마무리를 합니다.
속귀를 밝은 웜그레이색 겉귀의 안쪽에 꿰매어 붙입니다. 귀를 편평하게 펴고 끝단을 접어 머리 7-10단 사이에 꿰매어 붙입니다.

뿔

(2개, 검은색 실로 시작, 원형뜨기)
1단 실고리로 원형코 만들기, 짧은뜨기 [8코]
2-3단 짧은뜨기 8 [8코]
밝은 웜그레이색 실로 바꿉니다.
4-11단 짧은뜨기 8 [8코]
실을 길게 남기고 자른 뒤 마무리를 합니다. 뿔에 솜을 가볍게 채웁니다. 뿔을 3-5단 사이 귀 위, 정수리에 꿰매어 붙입니다.

꼬리

(검은색 실로 시작, 원형뜨기)

1단 실고리로 원형코 만들기, 짧은뜨기 5 [5코]
2-3단 짧은뜨기 5 [5코]
밝은 웜그레이색 실로 바꿉니다.
4-6단 짧은뜨기 5 [5코]
실을 길게 남기고 자른 뒤 마무리를 합니다. 꼬리에는 솜을 채우지 않아요. 꼬리를 66-67단 사이 등 가운데에 꿰매어 붙입니다.

반점 무늬

(12개, 검은색, 원형뜨기)

1단 실고리로 원형코 만들기,
짧은뜨기 8 [8코]
첫 코에 빼뜨기, 실을 길게 남기고 자른 뒤 마무리를 합니다. 반점들을 몸통 위, 임의의 위치에 꿰매어 붙입니다.

귀여운 공룡 에두아르도

에두아르도는 디플로도쿠스예요. 하지만 등에 뾰족뾰족한 뿔이 줄지어 있지 않고, 서로 모양과 질감이 다르고 색깔이 다양하며 둥근 뿔들이 있어요. 태어날 때부터 그랬어요. 어렸을 때 에두아르도는 너무 작고 귀여워서 세상 최고의 케이크를 만드는 고모할머니는 그를 "우리 귀여운 공룡 에두아르도"라고 불렀지요. 에두아르도는 고모할머니와 함께 에두아르도의 뿔처럼 색깔과 질감이 정말 다양한 미니 케이크를 만들었습니다. 이제 다 큰 어른 공룡이 된 에두아르도는 제빵사가 되었습니다. 친구인 달팽이 코즈무와 함께 패스트리 가게를 연 에두아르도는 세상에서 가장 행복한 공룡입니다. 그리고 세상에서 가장 좋아하던 고모할머니를 기리기 위해 가게 이름을 '귀여운 고모 케이크'라고 정했답니다.

 QR코드를 스캔하면 다양한 피카파우 친구들을 만날 수 있습니다.

주의 머리와 몸통, 다리를 하나로 뜹니다.

난이도 ★

키
34cm, 길이 36cm(제시된 실로 떴을 때)

재료
- 우스티드 실:
  파스텔민트색(약 200g),
  오프화이트색, 파스텔핑크색,
  번트오렌지색, 흑연색,
  연분홍색
- 코바늘 C-2(2.75mm)
- 검은색 나사형 인형눈(10mm)
- 돗바늘
- 솜

필요한 기술 실고리로 원형코 만들기(32쪽), 기초사슬코로 타원형 뜨기(34쪽), 원형단 시작할 때 색깔 바꾸기(35쪽), 몸통을 네 부분으로 나누기(160쪽), 연결하기(39쪽), 자수(38쪽)

머리와 몸통

(파스텔민트색)
사슬뜨기 9, 기초사슬코의 양쪽에 뜹니다.
1단 코바늘에서 두 번째 코부터 시작, 늘리기, 짧은뜨기 6, 마지막 코에서 짧은뜨기 3. 계속해서 기초사슬코의 반대쪽에 뜹니다. 짧은뜨기 7 [18코]
2단 (늘리기)×2, 짧은뜨기 6, (늘리기)×3, 짧은뜨기 6, 늘리기 [24코]
3단 (짧은뜨기 1, 늘리기)×2, 짧은뜨기 7, (늘리기, 짧은뜨기 1)×2, 늘리기, 짧은뜨기 7, 늘리기 [30코]
4단 (짧은뜨기 1, 늘리기)×3, 짧은뜨기 8, (늘리기, 짧은뜨기 1)×3, 늘리기, 짧은뜨기 8, 늘리기 [38코]
5단 (늘리기, 짧은뜨기 2)×2, 늘리기, 짧은뜨기 12, (늘리기, 짧은뜨기 2)×2, 늘리기, 짧은뜨기 12 [44코]
6단 (늘리기, 짧은뜨기 3)×2, 늘리기, 짧은뜨기 13, (늘리기, 짧은뜨기 3)×2, 늘리기, 짧은뜨기 13 [50코]
7단 (짧은뜨기 4, 늘리기)×10 [60코]
8-16단 짧은뜨기 60 [60코]
11-12단 사이, 앞에서 약 35코 간격을 두고 나사형 인형눈을 끼웁니다. 파스텔핑크색 실로 뺨(볼)을 수놓습니다.
주의 17-21단의 줄이기 부분은 공룡 머리의 정면과 나란해야 합니다. 필요하면 코를 더 뜨거나 풀어서 모양을 제대로 맞추어야 합니다.
17단 짧은뜨기 24, (줄이기, 짧은뜨기 3)×5, 줄이기, 짧은뜨기 9 [54코]
18단 짧은뜨기 23, (줄이기, 짧은뜨기 2)×5, 줄이기, 짧은뜨기 9 [48코]
19단 (짧은뜨기 6, 줄이기)×6 [42코]
20단 짧은뜨기 19, (줄이기, 짧은뜨기 1)×5, 줄이기, 짧은뜨기 6 [36코]
21단 짧은뜨기 16, (줄이기, 짧은뜨기 1)×5, 줄이기, 짧은뜨기 3 [30코]
22단 (짧은뜨기 3, 줄이기)×6 [24코]

23단 짧은뜨기 15, 줄이기, 짧은뜨기 3, 줄이기, 짧은뜨기 2 [22코]
24단 짧은뜨기 22 [22코]
머리에 솜을 채우고 계속 뜨면서 목에 솜을 채웁니다.
25단 짧은뜨기 15, 늘리기, 짧은뜨기 3, 늘리기, 짧은뜨기 2 [24코]
26-28단 짧은뜨기 24 [24코]
29단 짧은뜨기 16, 늘리기, 짧은뜨기 5, 늘리기, 짧은뜨기 1 [26코]
30-32단 짧은뜨기 26 [26코]
33단 짧은뜨기 17, 늘리기, 짧은뜨기 6, 늘리기, 짧은뜨기 1 [28코]
34-36단 짧은뜨기 28 [28코]
37단 짧은뜨기 5, 늘리기, 짧은뜨기 3, 늘리기, 짧은뜨기 8, 늘리기, 짧은뜨기 7, 늘리기, 짧은뜨기 1 [32코]
38-40단 짧은뜨기 32 [32코]
41단 짧은뜨기 6, 늘리기, 짧은뜨기 4, 늘리기, 짧은뜨기 9, 늘리기, 짧은뜨기 8, 늘리기, 짧은뜨기 1 [36코]
42-46단 짧은뜨기 36 [36코]
47단 몸통의 등에서 중심 코를 찾으세요. 아직 그 위치가 아니면 그곳에 이를 때까지 계속 뜹니다(저는 짧은뜨기 11코를 더 떠야 했어요). 사슬뜨기 15(다음에 만들 코에 스티치마커를 끼웁니다. 이 코가 기초사슬코에 뜨는 첫 코이며 다음 단의 시작점입니다), 사슬코의 뒷고리에 뜨는데, 코바늘로부터 두 번째 코에서 시작하여 늘리기, 짧은뜨기 13, 기초사슬코가 시작되는 코에 짧은뜨기 1, 이어서 몸통에서 짧은뜨기 12, 늘리기, 짧은뜨기 9, 늘리기, 짧은뜨기 13, 기초사슬코의 반대쪽에 짧은뜨기 14 [68코]
48단 (늘리기)×2, 짧은뜨기 65, 늘리기 [71코]
49단 (짧은뜨기 1, 늘리기)×2, 짧은뜨기 66, 늘리기 [74코]
50단 (짧은뜨기 2, 늘리기)×2, 짧은뜨기 27, 늘리기, 짧은뜨기 10, 늘리기, 짧은뜨기 28, 늘리기 [79코]
51단 짧은뜨기 2, 늘리기, 짧은뜨기 3, 늘리기, 짧은뜨기 70, 늘리기, 짧은뜨기 1 [82코]
52단 짧은뜨기 1, (늘리기, 짧은뜨기 2)×2, 늘리기, 짧은뜨기 72, 늘리기, 짧은뜨기 1 [86코]
53-68단 짧은뜨기 86 [86코]
실을 마무리하지 않습니다.

다리

다리 4개를 만들기 위해 몸통의 코를 나누어야 합니다.

첫 번째 뒷다리

먼저 몸통의 등에서 중심 코를 찾으세요. 아직 그 위치가 아니면 그곳에 이를 때까지 계속 뜹니다. 짧은뜨기 2, 다음에 만들 코에 스티치마커를 끼웁니다. 짧은뜨기 13, 사슬뜨기 8, 빼뜨기로 마지막 코를 스티치마커가 끼워진 코와 연결합니다.
계속해서 첫 번째 뒷다리를 뜹니다.
1단 몸통에 짧은뜨기 13, 사슬에 짧은뜨기 8 [21코]
2-12단 짧은뜨기 21 [21코]
13단 (짧은뜨기 1, 줄이기)×7 [14코]
14단 (줄이기)×7 [7코]
실을 길게 남기고 자른 뒤 마무리를 합니다. 남긴 실을 돗바늘에 꿰어 남은 각 코의 앞고리에 통과시킨 뒤 세게 잡아당겨서 구멍을 막습니다. 실 끝을 보이지 않게 정리합니다.

첫 번째 앞다리

첫 번째 뒷다리부터 13코를 셉니다(이곳은 배 부분이 됩니다). 열네 번째 코에 파스텔민트색 실 고리를 잡아 빼고 이 코에 짧은뜨기 1, 계속해서 짧은뜨기 12, 사슬뜨기 8, 빼뜨기로 마지막 코를 첫 번째 짧은뜨기 코와 연결합니다.
1-14단 첫 번째 뒷다리의 1-14단을 반복합니다.

두 번째 앞다리

첫 번째 앞다리의 왼쪽으로 4코를 셉니다(두 다리 사이의 공간입니다). 다섯 번째 코에 파스텔민트색 실 고리를 잡아 빼고 이 코에 짧은뜨기 1, 계속해서 짧은뜨기 12, 사슬뜨기 8, 빼뜨기로 마지막 코를 첫 번째 짧은뜨기 코와 연결합니다.
1-14단 첫 번째 뒷다리의 1-14단을 반복합니다.

두 번째 뒷다리

두 번째 앞다리의 왼쪽으로 13코를 셉니다(이곳은 다른 쪽 배 부분입니다). 열네 번째 코에 파스텔민트색 실 고리를 잡아 빼고 이 코에 짧은뜨기 1, 계속해서 짧은뜨기 12, 사슬뜨기 8, 빼뜨기로 마지막 코를 첫 번째 짧은뜨기 코와 연결합니다.

1-14단 첫 번째 뒷다리의 1-14단을 반복합니다.

배

이제 네 다리 사이에는 측면을 따라 13코 공간, 앞다리 사이에 4코 공간, 뒷다리 사이에 4코 공간이 있습니다. 이 코들로 덮개를 떠서 배 부분을 만듭니다. 먼저 13코 공간에서 시작하는데, 처음 만든 다리의 옆 첫 번째 코에서 파스텔민트색 실 고리를 잡아 빼서 평면뜨기를 합니다.

1-12단 짧은뜨기 13, 사슬뜨기 1, 방향 바꾸기 [13코]

실을 길게 남기고 자른 뒤 마무리를 합니다.

다리 사이의 덮개

뒷다리 덮개를 만들기 위해, 마지막으로 만든 다리의 옆 첫 번째 코에서 파스텔민트색 실 고리를 잡아 빼서 평면뜨기를 합니다.

1-4단 짧은뜨기 4, 사슬뜨기 1, 방향 바꾸기 [4코]

실을 길게 남기고 자른 뒤 마무리를 합니다. 같은 방식으로 앞다리 사이의 덮개를 만듭니다.

몸통 연결하기

돗바늘로 앞다리 덮개를 두 앞다리에, 뒷다리 덮개를 두 뒷다리에 꿰매어 붙입니다. 각 다리에 솜을 탄탄하게 채웁니다.

돗바늘로 넓은 배 부분 덮개를 몸통 배 부분의 반대쪽에 꿰매어 붙입니다. 그 후 배 부분 덮개를 두 다리와 두 다리 사이의 덮개에 꿰매어 붙이면서 솜을 채웁니다.

고리

(파스텔민트색, 원형뜨기)

1단 실고리로 원형코 만들기, 짧은뜨기 6 [6코]
2단 짧은뜨기 6 [6코]
3단 (짧은뜨기 1, 늘리기)×3 [9코]
4-5단 짧은뜨기 9 [9코]
6단 (짧은뜨기 2, 늘리기)×3 [12코]
7-8단 짧은뜨기 12 [12코]
9단 (짧은뜨기 3, 늘리기)×3 [15코]
10-11단 짧은뜨기 15 [15코]
12단 (짧은뜨기 4, 늘리기)×3 [18코]
13-14단 짧은뜨기 18 [18코]
15단 (짧은뜨기 5, 늘리기)×3 [21코]
16-17단 짧은뜨기 21 [21코]
18단 (짧은뜨기 6, 늘리기)×3 [24코]
19-20단 짧은뜨기 24 [24코]
21단 (짧은뜨기 7, 늘리기)×3 [27코]
22-23단 짧은뜨기 27 [27코]

24단 (짧은뜨기 8, 늘리기)×3 [30코]
25-26단 짧은뜨기 30 [30코]
27단 (짧은뜨기 9, 늘리기)×3 [33코]
28-29단 짧은뜨기 33 [33코]
30단 (짧은뜨기 10, 늘리기)×3 [36코]
31-32단 짧은뜨기 36 [36코]
33단 (짧은뜨기 11, 늘리기)×3 [39코]
34-35단 짧은뜨기 39 [39코]
36단 (짧은뜨기 12, 늘리기)×3 [42코]
37-38단 짧은뜨기 42 [42코]
39단 (짧은뜨기 13, 늘리기)×3 [45코]
40-41단 짧은뜨기 45 [45코]
실을 길게 남기고 자른 뒤 마무리를 합니다. 꼬리에 솜을 채웁니다. 꼬리를 공룡의 등 가운데에 꿰매어 붙입니다.

등뿔

아주 작은 뿔
(5개, 파스텔핑크색 1, 연분홍색 1, 흑연색과 오프화이트색 스트라이프 무늬 1, 번트오렌지색 2)
1단 실고리로 원형코 만들기, 짧은뜨기 8 [8코]
2-4단 짧은뜨기 8 [8코]
실을 길게 남기고 자른 뒤 마무리를 합니다.

작은 뿔
(6개, 흑연색과 오프화이트색 스트라이프 무늬 1, 연분홍색 1, 번트오렌지색 1, 파스텔핑크색 3)
1단 실고리로 원형코 만들기, 짧은뜨기 6 [6코]
2단 (늘리기)×6 [12코]
3-6단 짧은뜨기 12 [12코]
실을 길게 남기고 자른 뒤 마무리를 합니다.

중간 뿔
(3개, 번트오렌지색 1, 연분홍색 2)
1단 실고리로 원형코 만들기, 짧은뜨기 6 [6코]
2단 (늘리기)×6 [12코]
3단 (짧은뜨기 1, 늘리기)×6 [18코]
4-6단 짧은뜨기 18 [18코]
실을 길게 남기고 자른 뒤 마무리를 합니다.

큰 뿔
(2개, 번트오렌지색 1, 파스텔핑크색 1)
1단 실고리로 원형코 만들기, 짧은뜨기 8 [8코]
2단 (늘리기)×8 [16코]
3-8단 짧은뜨기 16 [16코]
실을 길게 남기고 자른 뒤 마무리를 합니다.

아주 큰 뿔
(1개, 흑연색 실로 시작)
1단 실고리로 원형코 만들기, 짧은뜨기 6 [6코]
오프화이트색 실로 바꿉니다.
2단 (늘리기)×6 [12코]
계속해서 흑연색과 오프화이트색 실로 단마다 색깔을 바꾸어 스트라이프 패턴을 뜹니다.
3단 (짧은뜨기 1, 늘리기)×6 [18코]
4-10단 짧은뜨기 18 [18코]
실을 길게 남기고 자른 뒤 마무리를 합니다.

뿔 붙이기
공룡의 등에서 뿔의 위치를 잡습니다. 아주 큰 뿔과 큰 뿔들은 목 옆에 놓고, 이어서 중간 뿔과 작은 뿔을 섞어서 놓고, 마지막으로 아주 작은 뿔들을 꼬리 끝에 놓습니다. 남긴 실을 돗바늘에 꿰어 꿰매어 붙입니다.

감사의 글

끊임없이 저를 도와주고 돌봐준 분들께 감사드립니다.

가끔씩(아니, 대부분의 시간에) 변덕도 부렸는데도 참아주셔서 감사해요.

사랑합니다. 모두 건강하시고 일이 잘되길 기원합니다.